D1602271

LA HISTORIA DETRÁS DE

Luisito Rey

Luisa Oceguera

LA HISTORIA DETRÁS DE
Luisito Rey

*Biografía no oficial del
papá de Luis Miguel*

Para Mikel, la mejor persona que he conocido y conoceré.

ÍNDICE

UNA NOTA
DE LA AUTORA

¿Quién diablos es Luisito Rey? ¿El diablo mismo? Para ti, que tienes este libro en las manos, ¿quién es Luisito Rey?

Es muy probable que tu opinión haya cambiado a partir de abril de 2018, cuando se estrenó *Luis Miguel: La serie*. Esta producción, disponible en una plataforma de *streaming* en todo el mundo, fue un proyecto especialmente atractivo. Luis Miguel, una de las máximas estrellas en la historia de la música pop en español (si no es que la más grande), abría por fin las puertas de su vida ante el público, como había prometido un año antes en un video que circuló en redes sociales.

Durante décadas, muchas personas han hablado de mi vida, pero ha llegado el momento de que mi verdad salga a la luz. Versiones hay muchas, verdad solo hay una. Esta es mi historia.

Si estás leyendo esto, es porque te intriga la vida de uno de los villanos más crueles, despiadados y tiránicos que han existido. Amabas tanto odiarlo que lo extrañaste en la segunda temporada del programa. Sigues sin poder creer que un padre pueda ser tan terrible. Y más considerando que está basado en un personaje de la vida real. No lo escribieron (no del todo). Aquí, la realidad supera a la ficción.

Así es, el personaje de carne y hueso era tan o más tiránico que su representación televisiva. Aunque, claro, para calmar inquietudes y susceptibilidades, la serie se encargó de avisar (y el que avisa no es traidor) lo siguiente:

> Obra audiovisual de ficción basada en: entrevistas con el intérprete Luis Miguel; el libro *Luis Mi Rey: La apasionante vida de Luis Miguel*, de Javier León Herrera; así como hechos reales, artículos e información de dominio público. Algunos sucesos, personajes y diálogos son ficcionados, por lo que cualquier parecido a la realidad es mera coincidencia.

Así que en adelante me voy a referir a *Luis Miguel: La serie* como a la autobioserie. Porque eso es: una autobiografía supervisada, aprobada y publicada por el propio Luis Miguel, su propia versión de los hechos.

El libro que ahora sostienes, en cambio, es una obra de no ficción. Durante toda mi vida, los datos y su cotejo con las historias que nos cuentan ha sido una especie de obsesión. Me considero una latosa escéptica que no se cree lo que le dicen hasta tener información real. Luisito Rey y su historia no son la excepción, con todo y que la serie esté validada por Luis Miguel. Sus afirmaciones podrán ser palabra de honor, pero al final es la palabra de un humano falible, de memoria selectiva, que puede haber exagerado u omitido detalles de su historia según lo que buscaba proyectar.

Cuando salió la serie de Luis Miguel, se me ocurrió jugar a ver los capítulos y a comparar lo que salía en la tele con la realidad, solo por el gusto de saber más. Empecé escribiendo para mí. Abrí una cuenta adicional de Twitter para hablar solo de eso y cuál fue mi sorpresa cuando un día mencionaron mi cuenta en un noticiero como el #VerificadoLuisMiguel. El *hype* por la serie era tal que incluso movieron el horario de estreno para que no interfiriera con el debate presidencial. ¡Nerdear se volvió más divertido! Para la segunda temporada, y en colaboración con Romina Pons, inauguramos un pódcast que se armó con una buena legión de seguidores en varios países.

De ahí el interés por hacer un libro. Sin embargo, ahora quiero enfocarme específicamente en la figura de Luisito

Rey: el rey de la mentira, un estafador que haría palidecer a cualquiera de los que han sido creados por los guionistas de películas de ficción. Y al mismo tiempo, hay que decirlo, un humano con el encanto suficiente para convencer a decenas de empresarios, políticos y grandes artistas de su tiempo de solventarle hasta sus más pequeños caprichos a cambio de nada: solo promesas vacías y con nulas garantías.

Esta es la historia de un ser humano ambivalente, que vivió sucesos muy poco comunes y que dejó una huella imborrable en miles de personas. Y a quien debemos conceder algo: no hay héroe sin villano, y viceversa. Si Luis Miguel es quien es hoy en día, la máxima estrella del firmamento en el pop latino, esto es, en parte, gracias a sus claroscuros familiares. Luisito Rey creó al ídolo. Si después intentó destruirlo, eso es otra cosa. Del mismo modo, el villano no existiría sin el brillo del sol (de El Sol), y de eso trata este libro.

Estás a punto de encontrarte con una historia basada solamente en sucesos reales, comprobados o comprobables, y en testimonios de gente relevante en la vida del protagonista. Voy a platicarte la historia de Luisito Rey para que saques tus propias conclusiones. Esa parte queda en tus manos.

LUISA OCEGUERA, agosto 2021

CAPÍTULO 1

SALTE DE MI VIDA

«¡Soy quien te hizo y me debes respeto, sin mí no serías nada
y volverás a ser nada si me dejas!».

LUISITO REY

«No puedo creer que no te haya importado robarme,
ponerme al borde de la cárcel, me tienes harto,
no soy tu esclavo, no soy tu puto empleado.
¡Salte de mi vida para siempre!».

LUIS MIGUEL

L a discusión se escucha más allá de la *suite* presidencial del hotel Villa Magna de Madrid. Para los niveles de elegancia que suele manejar ese lugar, preferido
por muchas celebridades, el escándalo es bastante nota-
ble e incómodo. Estoy hablando de un espacio tan *nice* y

exclusivo que hoy es propiedad de uno de los amigos más cercanos de Juan Carlos, rey emérito de España.

El huésped en turno es un joven que, a pesar de tener mucho de español, aún no ha causado gran impacto en ese país. Le faltan todavía algunos años para eso. Sin embargo, sí ha cosechado varios triunfos, y en los escenarios de América Latina es oro puro. Luis Miguel está ahí porque tiene varios asuntos pendientes. El más tedioso y complicado, y por mucho el más incómodo de todos, está relacionado con su padre. Tras una vida de obediencia, respeto y confianza, hoy ha decidido cortar por completo todos los vínculos que lo unen a él. Ha descubierto mentira tras mentira, manipulaciones, secretos oscuros, manejos ilegales del dinero producto de su intensísimo trabajo. Está harto. Ya no le queda más remedio que enfrentarse con el monstruo, aquel maestro y guía al que admiró toda su vida, a quien también lleva años temiendo.

Y es que, durante casi 20 años, Luis Miguel amó, padeció, anheló y odió a Luisito Rey (a veces todo al mismo tiempo), igual que todas las personas que alguna vez fueron cercanas a él. Así son los monstruos: atractivos y ambivalentes. Claro que para Luis Miguel el reto es aún más insoportable, pues este contradictorio sujeto es, antes que nada, su padre. Al menos de manera oficial, pues es altamente probable que no hayan tenido ningún vínculo biológico.

Pero no quiero adelantarme. Volvamos a la escena que nos incumbe.

Estamos en la exclusiva *suite* del hotel Villa Magna, la cual cuenta con varios apartados repletos de gente. Miki no se encuentra solo. Para entonces, ya se mueve a todos lados en compañía de una cohorte entera de ayudantes, publicistas y elementos de seguridad, entre los cuales figura su inseparable amigo de la infancia, Alejandro Asensi. Y es que, para este encuentro tan importante y complicado, requerirá de todo el apoyo emocional posible. Ha llegado la hora de enfrentar a su padre, informarle que a partir de ahora su relación tóxica llegará a su fin. Adiós, Luisito.

No se trata de un mero capricho del artista. En realidad, Luis Miguel ha aguantado bastante, pero Luisito Rey terminó por descubrirse como lo que es: un padre autoritario, un mánager posesivo y explotador y, por si fuera poco, un auténtico ladrón. No solo vació las cuentas bancarias del cantante, robándose los ahorros de ocho años de trabajo, sino que además lo hizo sin miramientos. Ahora Luis Miguel está en riesgo de ir a la cárcel por delitos fiscales y todo por culpa de su propio padre. Había cruzado todos los límites.

Todo enfrentamiento requiere de dos oponentes. En la *suite* del hotel también se encuentra Luisito Rey con su propia artillería pesada: trae consigo a todo el clan Gallego, la familia española de Luis Miguel. Ha llegado al Villa Magna acompañado de su hermano Vicente, de la abuela

Matilde y, especialmente, del pequeño Sergio, el hermano más pequeño de Luis Miguel, a quien el artista no ha visto en años.

Y ahí están. Luis Rey haciendo gala de su característico talante explosivo, de su conocido trato grosero y violento, enfrentando al fin las consecuencias de sus abusos de tantos años. Frente a él, se halla un Luis Miguel furioso, envalentonado y harto. Le espeta a Luisito Rey que jamás lo perdonará y los gritos se oyen por todo el hotel. El cantante le exige al padre que se largue. Le dice que no quiere volver a tenerlo cerca, que nunca más caerá en uno de sus engaños.

El rompimiento es incómodo, ruidoso e impresionante. En el pasillo resuena el eco de sus voces:

—¡Soy quien te hizo y me debes respeto!

—¡Salte de mi vida para siempre!

¿Qué ocasionó que llegaran a este punto? ¿Cómo fue que el adolescente que declaraba orgulloso que su ídolo y compositor favorito era su papá, Luis Rey, llegó a no querer saber nada de él, e incluso a dudar si debía verlo en su lecho de muerte?

Para dar respuesta a estas preguntas, primero es fundamental entender quién fue Luisito Rey y cómo, a base de engaños y trampas, llegó hasta donde pudo. El andaluz provenía de una familia conflictiva, un auténtico clan que desglosaré en el capítulo que viene.

CAPÍTULO 2

EL ORIGEN

LA ESPAÑA DE POSGUERRA

Durante el siglo XX, España se encontraba inmersa en una posguerra especialmente dura. Su propia guerra civil había terminado y las consecuencias económicas de la derrota de los aliados del «generalísimo» Francisco Franco en la Segunda Guerra Mundial eran tangibles. Una situación de extrema pobreza se extendió por todo el país y se presentaron grandes dificultades para lograr la reconstrucción de todo lo afectado, debido al aislamiento internacional del régimen franquista.

Cádiz no fue la excepción, como tampoco lo fue la llegada del prohibicionismo durante aquellos años. El ambiente general de la ciudad era de desolación, desempleo y extrema necesidad. La situación de las artes y la cultura también era muy precaria. La ciudad era, y es hasta la fecha, conocida por su carnaval, pero durante esa época se prohibió todo tipo de comparsas; como es lógico, esto afectó gravemente la economía de quienes dependían directa o indirectamente de las artes y el espectáculo, así como el ingreso general de los habitantes.

Fue en este contexto que nacieron los tres hijos Gallego Sánchez, producto del matrimonio entre Rafael Gallego Rey, de oficio farolero, y Matilde Sánchez Repiso.

Gallegos no solo de apellido sino de origen (se enorgullecían de decir que eran más gallegos que las vieiras, venidos de abuelos nacidos en las ciudades de Lugo y Ourense), Rafael y Matilde se establecieron en Cádiz, en el número cinco de la calle de Santa Inés. Tuvieron a su primer hijo al poco tiempo de casarse y lo llamaron Rafaelito en honor al padre, como se estilaba. El primogénito vivió muy poco. La carencia en la que vivían los Gallego Sánchez no les permitió salvarlo de una meningitis que se lo llevó a los escasos dos años de nacido.

En 1940 nació José Manuel (Pepe para todos), que desde el primer momento asumió muy en serio su papel de hermano mayor. Vicente, quien sería conocido también como Mario, Mario Vicente, o Tito, dependiendo del momento y el lugar, fue el hijo de en medio, el más taimado y dependiente de los tres. Nació en 1942 y hasta el último de sus días fue un auténtico dolor de cabeza.

Para esta época, Matilde se vio en la necesidad de trabajar fuera de su hogar en aras de sacar adelante a sus hijos. La única opción que encontró fue limpiar casas ajenas. Por su parte, Rafael Gallego Rey comenzó con problemas cardiacos hasta que un día se vio incapacitado de por vida para continuar con su trabajo. Dada la situación en la que se encontraba la familia, el prescindir de este ingreso, por discreto que fuera, los sumió en una desesperación aún mayor.

Mentiría si dijera que eso no marcó el orgullo de los Gallego Sánchez, quienes siempre sintieron que merecían una vida mucho mejor a la que les había tocado. Y es que, si los Gallego eran grandes en algo, esto era en aspiraciones.

EL MÁS PEQUEÑO DEL CLAN GALLEGO

El hijo más pequeño, la estrellita, y el que sería la adoración de doña Matilde llegó al mundo un 28 de junio de 1945, aunque en diversos documentos oficiales la fecha aparece como 2 de julio. ¿Modificaciones deliberadas o simple error de tipografía? Nunca lo sabremos. De los Gallego se podría esperar cualquier cosa. De hecho, en algunos medios se ha dicho que estas alteraciones habrían sido realizadas a petición de su madre para poder beneficiarse de ciertos apoyos sociales económicos vigentes en aquel momento. Hay poca información al respecto, pero, sin duda, este sería un buen inicio para una vida de estafas y dinero relativamente fácil, ¿o no?

Pequeño en estatura aunque excepcionalmente ambicioso: así era Luis Gallego Sánchez, a quien hoy conocemos como Luisito Rey. Contar su historia de vida es un reto complicado. Una biografía bien armada y justa se debe basar en datos fiables, y tal vez el único hecho recurrente y comprobado en la vida de este controversial personaje fue su don para la mentira. Así era como se presentaba ante el mundo.

Hay una circunstancia indispensable para entender a Luisito. Se sabe que no habría sido quien fue, ni se hubiera movido de su pueblo al que tanto le cantó, de no haber formado parte de lo que llamaré el clan Gallego. Vale la pena recalcar de una buena vez que la mayor parte de su vida (y buena parte de lo sucedido después de su muerte) solamente puede entenderse si se piensa en él como una pieza de un rompecabezas, de un engranaje muy funcional para los fines del clan. Luis fue un individuo, pero actuó, creció, huyó y estafó siempre de la mano de sus dos hermanos, Pepe y Vicente, y muchas veces con la venia y la ayuda o el arropo de su madre, Matilde. Todo lo que un miembro del clan logró fue resultado de las manipulaciones, manejos e influencias que llevaron a cabo en equipo.

Vaya, tenían una percepción curiosa de lo que es la familia. Para los Gallego, *familia* eran los tres hermanos y desde luego la gran matriarca, fundadora y protectora del clan de sus tres crías. Los hijos y los sobrinos no formaban parte de ese círculo compacto y unido, amalgamado para encubrirse, protegerse y apoyarse a toda costa, aun si eso implicaba dañar o desprestigiar a otros familiares. Ni siquiera el padre figuraba gran cosa; se le consideraba un hombre enfermo e incapacitado (pese a que sus problemas cardiacos no le impidieron sobrevivir hasta el año 2000). En cuanto a los cónyuges de los hermanitos, se sabe que generalmente venían en el paquete. No eran propiamente agentes del clan, pero sí que disfrutaban de los beneficios. En resumen: cualquiera que quisiera apoyar o negociar con uno de los Gallego, debía cargar con los demás. Y jurar lealtad. Y respetarla.

El clan Gallego (desde luego, conforme a su propia narrativa ultramelodramática) fue víctima desde siempre. No se cansaron de aludir a la pobreza material que sufrieron en sus orígenes. Y ante tales circunstancias, Matilde decidió tomar las riendas. Se enfrascó en encontrar en su hijo Luisito algún talento para explotar a toda costa. Cualquier cosa sería la solución a las necesidades de la familia entera.

Eran ella y sus crías contra el mundo. Había que hacer lo necesario para salir del hoyo que era su pueblo, al que amaba al mismo tiempo que le parecía demasiado chico para sus miras de fama y grandeza. La tarea era llegar bien lejos, tan lejos como fuera posible. Y el vehículo para llegar ahí sería su hijo Luisito.

CAPÍTULO 3

SOY COMO QUIERO SER

Para hablar de la vida de Luisito Rey es indispensable hablar del niño prodigio de la España de aquella época: Joselito, el cantante y actor que alcanzó el éxito durante la década de los cincuenta y cuya fama subió como la espuma hasta bien entrados los setenta. Joselito fue un modelo a seguir y una especie de fantasma que estaría presente en la vida de Luisito por muchos años. Más de una madre española soñó con encontrar un Joselito en su propia casa, entre sus propios hijos. Mucho más, si vivían en medio de la desesperanza y necesidad económicas, como era el caso de Matilde Sánchez.

Como a ella, a sus hijos los caracterizaban la ambición y el anhelo de grandeza. Lo que no demerita que también fueran muy talentosos. Crecieron en un entorno que propiciaba las artes. Los tres hijos de Matilde y Rafael desarrollaron cierto talento en la ejecución de la guitarra clásica y de estilo flamenco, tan popular en su natal Andalucía. Falsamente se corrió la voz (y aún hoy muchos medios lo sostienen) de que los padres de Luisito eran ambos cantantes de flamenco profesionales. La verdad es que eran amateurs y era el padre quien gustaba mucho de tocar la guitarra en fiestas. No obstante, el aprendizaje de los niños se dio en familia y a través de amigos. No había dinero para pagar clases y fue más bien en la «vagancia» que aprendieron a tocar.

Sin embargo, ninguno llegó a los niveles de virtuosismo del pequeño Luis. Luisito resultó un niño verdaderamente talentoso desde los seis años y fue el más capaz de los tres en el arte de la guitarra flamenca. No tenía un físico privilegiado ni llamativo, pero al menos cantaba entonado, disfrutaba del escenario y podía probar suerte en los programas de concursos.

Diré las cosas como fueron: al ver cómo brillaba Joselito, esa pequeña estrella de la música y el cine, Matilde Sánchez soñó con que su hijo representara fortuna y dinero fácil también. Joselito era apenas dos años mayor que Luis y también era andaluz. ¿Qué había de malo en utilizar y lucrar con el talento de Luisito, si para eso lo había parido? Es muy probable que en ese momento se fundara uno de los principios del clan Gallego: explotar a un hijo para que, aun siendo un niño, mantuviera económicamente a la familia, lo cual era algo legítimo y hasta deseable.

EL NIÑO ARTISTA

Matilde no tuvo escrúpulos para poner a Luisito a trabajar desde muy pequeño. Primero lo hacía cantar en bares, en su ciudad natal. Después, consiguió que su pequeño grabara un disco sencillo, algo que no era nada fácil en la época, especialmente con escasos recursos económicos. El dinero lo consiguió Matilde, tal vez con préstamos o con la ganancia de Luisito, que, como dije, para ese entonces ya contaba con la trayectoria de varias presentaciones como cantante en los bares de su ciudad. El disco buscaba mostrar los talentos del pequeño para la guitarra y el flamenco. Luis Gallego era un nombre demasiado común para este aspirante a estrella, así que la contracción de los apellidos Gallego y Sánchez le dio su primer nombre artístico: Luisito Gasán. No hubo participación de ninguna disquera ni de nadie que estuviera especialmente interesado en el talento del niño. Fue cosa de Matilde.

El empeño que puso la matriarca en la misión de convertir a su bebé en estrella fue monumental. Armada con ese pequeño acetato, se decidió a pelear el todo por el todo. Tenía las miras puestas en lograr lo más grande, y si eso implicaba hacer la maleta con las pocas prendas que tenían para moverse a Madrid, ella tomaría ese reto con la esperanza de encontrar la solución a los problemas de toda la familia de un solo golpe. Así, en 1954 se llevó a Luisito, que en ese entonces tendría menos de diez años, a probar suerte a la gran ciudad. Su primera incursión en la farándula fue a nivel local, una participación en una película titulada *Pobre niña rica* bajo el nombre de Luisito Gasán, tocando la guitarra y cantando en un breve momento del filme, sin mayor relevancia.

Pocos años más tarde, Luisito se integró a un grupo llamado Los Joselitos del Cante. Para este momento, la influencia de Joselito en los primeros años de trabajo de Luis Gallego ya es innegable. Cuánto tiempo permaneció en la agrupación es un dato que no se sabe a ciencia cierta, pues el grupo cambiaba constantemente de integrantes y él, a decir verdad, no destacó demasiado. Un paréntesis curioso al respecto es que en esa misma agrupación también estaba Pepa Flores, Marisol, quien sí fue una artista muy reconocida en España: una de las actrices y cantantes más famosas de los años sesenta.

El mundo de la farándula infantil y juvenil en España no era inofensivo para los pequeños aspirantes a famosos. O, mejor dicho, para los pequeños hijos de aspirantes a padres de hijos famosos. De hecho, años más tarde, en 2015, se publicaron algunas declaraciones sumamente graves sobre la agrupación. Marisol habló de abusos cometidos contra ella y otros integrantes del conjunto de jóvenes artistas.

Nos contrató un empresario a los ocho niños que formábamos el grupo Los Joselitos del Cante para que hiciéramos una gira por todo el país. Yo tenía ocho años y dormía durante el viaje en la misma cama que la querida del empresario [...] que me daba unas palizas de muerte, pero con saña y mala sangre. Me tenía ojeriza, y no sé por qué todavía. En Lérida me dio tal paliza que me dejó el cuerpo como el de un nazareno. [...] Cuando yo dormía con aquella tía, el empresario se acostaba con ella y hacían de todo. Y querían hacer de mí el modelo de niña inocente, conformista y buena, para que fuera la referencia de todos los niños de nuestra generación. No saben las putadas que me han hecho.

Contó además que a ella y a otros de los integrantes de la agrupación los llevaban a un «chalet del Viso» donde había gente importante del régimen franquista, la cual pagaba por ver desnudos a los muchachos, a quienes se les había contratado únicamente para cantar. Los padres de las pequeñas estrellas no estaban al tanto de nada de esto.

Es prácticamente imposible saber con exactitud si Luisito fue una más de las víctimas de estos abusos. Él siempre respondía que amaba el arte, que tenía su vocación en la sangre desde niño, y que había que mantener a la familia. Las mismas palabras exactas que usaba para defenderse cuando lo cuestionaban por la carrera de su hijo Luis Miguel, la cual comenzó cuando tenía menos de 12 años.

Pero me estoy adelantando, mejor regreso al momento en curso. Luisito tuvo pequeñas participaciones en películas, presentaciones en concursos y algunas emisiones radiofónicas que quedaron más bien para el olvido. Por más que Matilde se esforzaba, su gran oportunidad simplemente no llegaba.

Colmados de deudas, buscando trabajo donde fuera, hambrientos y desesperanzados, se toparon con una joven periodista que recién arrancaba su carrera: Encarna Sánchez. El niño la enterneció y le pareció un auténtico prodigio digno de ser conocido por sus oyentes. Con el tiempo, Encarna llegaría a ser una de las personalidades más importantes de su país, la periodista que más de una vez fue identificada en los medios como «la mujer más temida de la España de los años ochenta y noventa». Nadie quería correr el riesgo de caerle mal, según se decía en el mundo del espectáculo a fines del siglo XX. Y muchos años antes, Luisito Gasán tuvo la fortuna de caerle bien.

No puedo evitar preguntarme si fue suerte o desgracia que Luisito fuera escuchado por el auditorio de Encarna; gracias a esa promoción entró en escena la argentina Herminia López de Chousa, mejor conocida como la Señora de Chousa. De este modo dio inicio la primera gran historia del clan Gallego, la primera de muchas que marcarían la vida de Luisito, y que para fines prácticos, denominaré «leyenda Gallego». La historia de un supuesto secuestro transoceánico.

LA PRIMERA LEYENDA GALLEGO

Herminia López de Chousa era una promotora del canto y baile andaluz en los años cincuenta y sesenta que había tenido razonable éxito con sus descubrimientos en su natal Argentina. Como toda buena cazatalentos, acostumbraba a pasar mucho tiempo en Madrid buscando (cazando) nuevas voces, pues tenía un conocimiento y gusto muy particular por todo lo que representara el mundo del flamenco. Disfrutaba mucho asistir a espectáculos, bailables, y a todos aquellos eventos que representaran una oportunidad potencial.

Encarna le había dado un impulso especial a Luisito. Se dice que Herminia pidió permiso para visitar el *backstage* tras la presentación del niño. Allí la recibió Matilde, quien escuchó atentamente la oferta de la argentina; esta ya había lanzado al estrellato a Pedrito Rico, cuya carrera iba en un ascenso imparable.

Sobra decir que Matilde aceptó de inmediato. Corte, *flashforward*: Luisito va rumbo a Argentina. Matilde, al lado de su familia en España, se frota las manos a la espera del dinero que están a punto de ganar y que Herminia ha prometido enviarles, fruto de las presentaciones de Luisito.

En este punto la cronología se vuelve un poco confusa, pues mientras que la hija de Herminia actualmente afirma que para esas fechas Luisito ya era un adolescente, los Gallego se han encargado de esparcir el rumor de que era todavía un niño pequeño. No se conoce la verdad; lo que sí se sabe es que la familia del andaluz terminó enojada y enemistada con doña Herminia, algo posiblemente derivado de su principal interés en el mundo, el cual no era el bienestar de Luisito, sino el dinero.

Ya sé. Pocas cosas suenan más dramáticas que hablar del secuestro de un niño, pero, según los Gallego, eso fue justamente lo que sucedió. La versión oficial del clan cuenta que Herminia secuestró a Luisito y lo mantuvo a punto de morir de hambre al tiempo que explotaba su talento. Según ellos, Herminia les mintió todo el tiempo, los engañó y los estafó.

Por fortuna, como en toda buena historia, aparece a continuación la figura del salvador. Sobre este punto circulan varias versiones. Lo que se sabe es que Luisito volvió a España ayudado por un alma caritativa. En algunas, dicho salvador es «una señora gallega que le regaló varias latas de sardinas para que escapara armado solo con su guitarra». En otras, fue un curtidor andaluz llamado Apolo Martínez quien lo ayudó a escapar y continuó siendo su amigo hasta la época del triunfo pleno de Luis Miguel en Argentina.

La historia solo puede volverse más melodramática, pues resulta que, para poder regresar a España a los brazos de su madre, el joven tuvo que infiltrarse como polizón en un barco.

Con este conmovedor relato es que los integrantes del clan Gallego justificaron una y otra vez en entrevistas la forma de ser de Luisito. Hay que conceder que sí se trató de un inicio trágico: la explotación de un niño artista en una escena que, como lo demuestra el testimonio de Pepa Flores, era bastante tóxica. Sin embargo, es muy probable que nos encontremos ante un ejemplo más de la gran inventiva del clan Gallego, que cuenta con todos los elementos de lo que denomino una «leyenda Gallego». ¿A qué me refiero con esto?

¿EN QUÉ CONSISTE UNA «LEYENDA GALLEGO»?

- Los integrantes del clan Gallego (Matilde, Vicente, Pepe y Luisito por lo menos) la sostienen como verdad absoluta.
- Nadie tiene claras las fechas en las que sucedió.
- Contiene altos niveles de drama y tragedia.
- La víctima siempre es uno de los integrantes del clan.
- Desprestigia a personas sin mayor prueba que la palabra.
- Pudo o no suceder tal cual la cuentan los Gallego. Es decir, es posible que haya sucedido parcialmente como lo relatan o no haber sucedido del todo. Sin embargo, es probable que

nunca sepamos con certeza cuál es la verdad histórica.

- En algunos casos, está validada por periodistas a los que los Gallego compraron o sobornaron.

¿Cómo nombrar entonces a esta primera leyenda Gallego? ¿«El secuestro de Luisito Rey niño» o «Las primeras aventuras en América de un futuro estafador»? Yo te cuento los hechos y tú escoges el título definitivo.

Como todas las leyendas, también tiene su contraparte. La Señora de Chousa ya no vive, pero como ya mencioné, una de sus sobrinas es quien hoy cuenta el otro lado de la historia. Es preciso decir que en cada versión Luisito tiene una edad diferente, que va desde los indefensos ocho años hasta los ya adolescentes y un poco más maleados 15. La versión oficial de la señora Herminia López de Chousa tampoco es digna de celebrarse, pero no tiene esos tintes de delito que los Gallego le adjudican sin ningún miramiento.

Según la versión de la familia de Herminia López, ella se dedicaba exitosamente a un oficio que entonces no era común que desempeñara una mujer. Era emprendedora e intuitiva y le encantaba la alegría que transmitía la música andaluza. Ella, que sería la primera mánager de Luisito Rey, era una de las promotoras más destacadas de este género musical (canto y baile) en América Latina durante los años cincuenta y sesenta.

Su trabajo logró el ascenso al éxito de un joven español llamado Pedrito Rico, a quien descubrió mientras presenciaba el espectáculo de un grupo juvenil español de baile en Buenos Aires. Lo dio a conocer como el Ángel de España.

Con los años se topó en Madrid con Luisito Rey y quiso repetir el éxito que había logrado con Pedrito. Convenció (sin mucha complicación) a Matilde de que le permitiera llevarse a su hijo a triunfar primero en Argentina y luego en toda Latinoamérica. Ante todo, prometió algo crucial: enviar dinero de manera constante y puntual a la casa de Cádiz.

Herminia aprovechó la extrema complexión menuda de Luisito para hacerlo pasar por niño, a pesar de que era ya un adolescente. Lo vestía con pantalones cortos y le depilaba con cera la barba todavía incipiente. En 1961 lo presentó como «la voz más joven del viejo arte español» en Bahía Blanca, Argentina.

Luisito logró destacar de entre el resto de los artistas que participaban en las mismas presentaciones en Argentina. Lo ayudó el hecho de que componía sus propias canciones.

Una de las historias que se conocen, vía Herminia, de esa primera época en Argentina sí que coincide con el Luisito Rey de los años por venir. Al parecer, tenía que presentarse al mismo tiempo que Pedrito Rico, y esto confrontaba mucho a Luisito con su propio ego. No soportaba no llevar el crédito principal, y poco le importaba ser el recién llegado. Estaba convencido de lo que siempre le dijo su madre: que su talento no tenía comparación con el de nadie. Así que decidió tomar la solución en sus propias manos. En el último momento modificó la impresión del cartel de una de las presentaciones de manera en que él apareciera como la figura principal y protagonista del *show* en cuestión. Metió a su representante en un gran problema.

Esta fue la primera de varias situaciones que hicieron que en un momento dado Herminia divulgara que «ese niño Luisito la estaba volviendo loca». Seguramente podemos sumar a las razones de este descenso a la locura el hecho de que Luisito se enamoró de Buenos Aires al punto de que «se escapaba» todas las noches de la casa de la Señora de Chousa para irse de fiesta. El problema era que se llevaba a las bailarinas del ensamble de Herminia y que además era muy afecto a relacionarse con prostitutas, lo cual, tratándose de un menor de edad bajo su guarda y custodia, lo convertía en mucho más que un dolor de cabeza.

En biografías autorizadas por el propio Luis Miguel, se menciona sin desmentirse la versión de Luisito, aquella que busca mostrar que su personalidad se moldeó por la tragedia y que no fue simple temperamento: que doña Herminia le daba un trato inhumano, incumplía el contrato al prohibirle contactar a sus padres y prácticamente lo mataba de hambre. Estas versiones ofendieron seriamente a la familia De Chousa, que sintió la necesidad de hacer pública su propia versión y decir algo que, a mi parecer, no es inverosímil. ¿Por qué deberíamos creerle a alguien que mostró ser un mentiroso compulsivo toda su vida? ¿Por qué deberíamos creerles a sus parientes, que se caracterizaron por defender y encubrir cada una de sus historias falsas? Esta es una de tantas cosas sobre la vida de Luisito que ya quedará a tu juicio evaluar.

Lo que sí puede comprobarse es que Luisito regresó a España, su tierra. Si lo hizo o no como polizón en un barco, y si esta modalidad de viaje fue por necesidad, desesperación o gusto, creo que nunca lo sabremos con certeza.

Por lo anterior, me apegaré a los pocos hechos que sí forman parte de la historia. Se sabe que estos primeros intentos y aventuras en el mundo artístico fueron los ladrillos de la construcción de ese carácter complicadísimo que resultó ser el peor enemigo de Luisito, la otra voz que era capaz de derribar las diversas oportunidades que en efecto tuvo para forjar una carrera real y estable con su talento. Y es que el talento de Luisito era completamente real. Y muy completo. Lo mismo entonaba con una guitarra relajada y amena en una bohemia, que tocaba la guitarra clásica con talento de virtuoso. Amaba la música y la respetaba como pocos. El problema, el eterno problema, era su obsesión con el éxito, el cual perseguía siempre de la manera más conveniente y rápida, además de aquella que requiriera menos esfuerzo. Y claro que el triunfo, como verás más adelante, tenía que darse a su manera o no funcionaría (el que quiera que lo quiera, el que no… que no lo quiera).

Descartaba sin miramientos todas las propuestas de productores, mánagers y ejecutivos de disqueras. Estaba seguro de que el único que sabía lo que se necesitaba era él, Luisito. El Rey. Y era capaz de reventar las relaciones más estables, los pactos más fijos, para salir de su pésima situación económica con un puntazo de su nariz aguileña y una mirada de desprecio a quien osara ofrecerle una pizca menos de la valía que él mismo se había asignado.

La familia Gallego y la narrativa de su propia historia marcaron a sus integrantes con una serie de complejos. Es bien sabido que los delirios de grandeza son una forma idónea de ocultar la sensación profunda de inferioridad.

CAPÍTULO 4

ESTRELLA
DE UN SOLO *HIT*

LA NECESIDAD DE SER ALGUIEN

La vida de Luis Rey estuvo marcada por la necesidad de ser «alguien». Importaba poco quién fuera este alguien, qué características tuviera que adaptar, crear, inventar. Lo único indispensable era que ese alguien fuera rico y famoso. Porque, contra lo que podría pensarse, el solo hecho de ser poseedor de un patrimonio económico enorme nunca habría sido suficiente para el alma narcisista de Luis, que deseó la fama desde el primer momento en que conoció este concepto. Luisito deseaba triunfar, trascender, ser recordado. Ser el ídolo de Cádiz, de España, del mundo. Vivir de su talento, ese talento que estaba convencido era enorme, así como le habían dicho su madre y sus hermanos desde niño.

Sabemos que era sin duda un tipo al que no le faltaba inventiva y habilidad con la guitarra y la pluma. A lo largo de los años, personajes como Peque Rossino, Alfred Herger, Marco Antonio Muñiz, Andrés García y muchos otros se han referido a él como un gran compositor; en efecto, podía componer muchas y buenas canciones, y algunas de ellas fueron grabadas por otros artistas y se volvieron éxitos relativos en su momento.

Pero volvamos a la época que nos incumbe. Los años sesenta casi terminaban y el diseño del sello personal en las presentaciones y la carrera de Luisito carecía de originalidad. Al menos en sus primeras épocas buscando el éxito, Luisito estaba siempre listo y dispuesto a moldear su imagen para adaptarse a lo que estuviera de moda. Al principio emuló a Joselito, a instancias de su madre y siguiendo lo que sentían que España pedía; luego adquirió un estilo más cercano a otro andaluz que sí trascendió a lo grande, Raphael, una de las mayores estrellas de la historia de la música popular española y quien iniciaba su carrera por las mismas épocas que Luisito; ya más tarde, su estilo se tornó similar al de su ídolo personal, el célebre cantaor de flamenco Camarón de la Isla, también su paisano. Un dato curioso que viene a cuento con la «inspiración» de Luisito en estos otros artistas es que existe una película que narra la muy interesante vida de Camarón de la Isla y fue protagonizada por Óscar Jaenada, el mismo actor que interpreta a Luisito Rey en la autobioserie de Luis Miguel. Pero no debo desviarme.

Por estas épocas (y, aunque esto está documentado, se desconoce si se trata de una nueva leyenda Gallego), Luisito comenzó a ser perseguido por el régimen de Franco. El cantante, que no se quitaba el crucifijo que traía colgado ni para dormir (en su momento este serviría también como contenedor de droga), era ateo militante, practicante y enemigo declarado de la Iglesia, rebelde y boquiflojo, y esto se reflejaba en muchas de sus composiciones, tanto en aquellas que él interpretaba como en las que escribía para otros artistas. No pasó mucho tiempo para que sus blasfemias molestaran; es más, cabe recordar que en aquellos momentos los sacrilegios, blasfemias e injurias eran considerados delitos.

Se dice que una canción de Luisito detestada por Francisco Franco fue la que llevaba por nombre «El juego de la verdad», de 1964.

EL JUEGO DE LA VERDAD

AUTOR: Luis Gallego Sánchez (1964, fragmento)

La verdad, palabra
tan bonita de escuchar
que tristemente se cayó
del pedestal
y en falsedad se convirtió.
Libertad, mentira
que cedió ante la verdad.
Si somos presos de una cárcel de cristal
no puede haber liberación.

El régimen de Franco censuró la canción. Esto, sumado a que en aquellos años había que hacer el servicio militar obligatorio y Luisito para nada quería desperdiciar su tiempo de ese modo, hizo que comenzara a plantearse seguir una vida de nómada camino a Francia en 1964. Por primera vez, aunque no fue la última, Luisito huiría y comenzaría una vida errante en su eterna búsqueda de la gloria y el éxito. Fue Pepe, su hermano mayor, un gran egresado de la universidad de la calle y experto en manejos de dudosa legalidad, quien lo ayudó a escapar y a obtener papeles nuevos.

A Luisito este le pareció un excelente momento para cambiarse el nombre, y ahora no solo por motivos artísticos, sino prácticos. Decidió agregarle una «s» al apellido. Gallegos sonaría muy parecido a Gallego, pero lo protegería para no ser identificado tan fácilmente al cruzar la frontera. Le daría la oportunidad de un nuevo inicio, un concepto al que se haría adicto no mucho después. Volver a empezar una y otra vez desde cero, en otro lugar, con la cartilla limpia y la cartera llena de lo que hubiera sacado en su último lugar de residencia.

Decidió, de una vez, también cambiarse el nombre de pila. Para ello quiso honrar a uno de los pocos seres que consideraba dignos de su admiración: Luis Miguel Dominguín, el torero, alguien a quien veía como un auténtico número uno. Si el nombre te suena es porque, en efecto, Dominguín fue el padre de Miguel Bosé y el hombre que, según la leyenda urbana, enamoró a la bellísima actriz checoslovacomexicana Miroslava Stern, quien llegó al punto de quitarse la vida al no soportar su abandono.

Luisito era supersticioso y, ¿quién sabe?, a lo mejor, en una de esas, en el nombre llevaría el destino de triunfo y de inmortalidad. De ser el mejor. No le afectaría en su parte narcisista, porque seguiría siendo Luis.

Y no puede decirse que Luis Miguel haya sido una mala elección para los fines simbólicos que Luisito tenía en mente. Resulta que aquel nombre sí traería consigo la fortuna de llegar a ser el número uno y una estrella mundial inolvidable. Tal vez no quedaría demostrado en su etapa como Luis Miguel Gallegos, pero se comprobó de sobra en esa segunda oportunidad que le otorgó su primogénito, Luis Miguel Gallego Basteri. Un definitivo número uno.

Con este nombre, Luis Miguel Gallegos, permaneció en París. Sin embargo, los resultados fueron nulos en materia de éxitos, con todo y que para esas alturas ya tenía años de experiencia en presentaciones y varias canciones de su autoría, algunas bastante buenas. París no es para cualquiera, mucho menos sin los famosos contactos. Aunque claro que tratándose de Luisito (y de los Gallego en general), toda historia siempre tiene dos versiones: los hechos y las invenciones de sus cabezas. Tiempo después comenzó a rumorarse que, durante aquella época en París, Luisito llegó a codearse con Picasso y con Edith Piaf, pero esto podría ser una más de sus leyendas e invenciones. De hecho, su supuesta cercanía con Picasso adquiriría relevancia más adelante, a su paso por Puerto Rico.

Si Pepe Gallego aún viviera, probablemente se llamaría a sí mismo *influencer* del bajo mundo o el rey del *networking* oscuro pero eficiente. Lograba conocer a todo mundo

45

en todas partes organizando y colándose a todo tipo de fiestas y submundos. Era un especialista en armar redes sociales dondequiera que iba, haciendo su paella, con su simpatía, llevando la música a través de sus hermanos; era el alma de las fiestas y el conecte ideal para resolver todo tipo de asuntos, oscuros o no. Pero, como todo *influencer*, también tenía sus límites. En París simplemente no la armó. No pudo.

Otra vez estaban a punto de morir de hambre. Pepe se convirtió en el mánager de Luis Miguel Gallegos (en realidad, en ese momento nadie más estaba interesado en ocupar el puesto) y, finalmente, Luisito se embarcó de vuelta a Argentina, con una breve escala por Nueva York, donde se decidió definitivamente por el nombre que lo consagraría. Aunque su pasaporte marcaba «Luis Miguel Gallegos» para los asuntos oficiales, ya estaba decidido a optar por el nombre artístico definitivo, uno que finalmente estaba a su altura… o a la que este hombre de 1.54 de estatura estaba seguro de tener en cuanto a grandeza artística. En adelante y para la posteridad, se llamaría Luisito Rey.

SANGRE DE REY

Es posible afirmar que, al menos en este caso, tenía algo de sentido lo monárquico del apellido elegido, una de las pocas cosas en su vida que no fue completamente arbitraria.

Rey era el apellido materno de su señor padre. Al menos ahí no podría acusársele de autocoronarse como Napoleón. Había derecho, aunque fuera indirectamente, para afirmar que aquel plebeyo tenía sangre de Rey, y así disfrutar el doble sentido que alimentaba su ya bien nutrido delirio de grandeza.

Se decidieron por Argentina porque Pepe tenía algunos conocidos ahí; tal vez tendrían algo más de suerte que en la Ciudad de la Luz. La etapa por Argentina planeaba ser pasajera, incluso desde antes de iniciar. Los verdaderos contactos «pesados» de Pepe estaban en México. Sin embargo, eso no iba a impedir que disfrutaran en grande de su estancia en Sudamérica, en 1965. Tenían tanta seguridad en que esta oportunidad era la buena, que los tres hermanos se reunieron en Buenos Aires.

Y en efecto así fue. En ese mismo año, vino el tan ansiado salto a la verdadera fama, que al mismo tiempo sería su cruz, pues tan solo logró alcanzar cierta autenticidad con el performance ultrahistriónico de su único *hit*. Una sola canción le dio de comer por casi dos décadas. Un solo *track* que solo recordarían algunos pocos nostálgicos adictos a los videos más *kitsch* de YouTube, si no fuera porque Luisito tuvo descendencia.

La canción se llama «Frente a una copa de vino». Al hablar de la vida de Luisito Rey, ese tema es infaltable. El único éxito. Antes de «Frente a una copa de vino», Luisito fue todos y nadie a la vez. Pero «Frente a una copa de vino» le dio programas en la tele, la posibilidad de grabar un disco… ¡un millón de copias vendidas del sencillo!

FRENTE A UNA COPA DE VINO
Autor: Luis Gallego Sánchez (1965, fragmento)

───────────

Frente una copa de vino
yo me río de mí,
me da una pena tan grande
que me tengo que reír.
Al saber que me has dejado
no te pienses que lloré.
Unas copas he tomado
y al espejo me miré.
Y me he dicho para mí
y me he dicho para mí:
Con este tipo y sin dinero
¿quién me va a querer a mí?

Dejo por aquí el video de una presentación en vivo de la canción, el único y trillado *hit* de Luisito. Con ese tipo y sin dinero, ¿quién lo querría a él?

Resulta curioso que el éxito más grande que disfrutó el mentiroso por méritos propios fuera una canción con exceso de sinceridad, en la que se ríe de sí mismo: de su físico y de no tener en qué caerse muerto, razón por la que no le queda más que beber alcohol y aceptar que no es el más agraciado. Quién sabe. Tal vez esa frase que circula por ahí sea cierta y la sinceridad sea lo que más vende. Y vaya que vendió y revendió y revendió esta canción. Y luego la volvió a vender.

CAPÍTULO 5

«NADA EN ESTE MUNDO VALE NADA SI NO ESTÁS, MARCELA»

Pero hasta los villanos más notables tienen siempre una contraparte, un testigo, un anhelo, un lado flaco. Marcella[1] Basteri encarnó todos estos roles en una sola persona. Fue, quizá, quien mejor conoció a Luisito, y eso le salió caro.

La vida de Marcella al lado de Luisito estuvo llena de claroscuros. Por un lado, construyó una familia, tuvo a los tres hijos que fueron el centro de su vida. Por el otro, su

---

[1] En este libro usaré su nombre así, con «ll», porque sus orígenes son 100% italianos, toscanos, y esa es la ortografía correcta que le corresponde y que aparece en sus documentos oficiales; cuando mencione «Marcela», con una sola ele, será porque me estoy refiriendo a la canción de ese título, dedicada a ella y que hispaniza la escritura de su nombre.

existencia estuvo llena de dolores, traiciones, decepciones y malos tragos… hasta llegar quizás a la muerte.

MARCELLA, *BAMBINA*

Marcella Basteri nació en la Toscana, en la casa de la familia de su padre, Sergio Basteri. Vino al mundo un 10 de diciembre de 1946 en condiciones muy similares a las de Luisito Rey. Ella también padeció los estragos de la posguerra, aunque, en su caso, estos correspondían al término de la Segunda Guerra Mundial.

La pobreza en Italia era realmente punzante y la casa de la familia Basteri no era la excepción. Se corría la voz de que había trabajo para los italianos que estuviesen dispuestos a emprender el viaje hacia una nueva vida en Argentina. Ante la desesperación, Sergio se lanzó a la aventura, con la esperanza de mandar por Vanda, su mujer, y la hija de ambos en cuanto se afincara. Dejó a Marcella de seis meses de edad en la casa familiar a cargo de su esposa.

Sin embargo, Vanda no tardó en cansarse de esperar. Cuando Marcella tenía apenas un año la internó en un orfanato de monjas. Así que cuando llegó el momento en que Sergio quiso mandar por su mujer y su hija para llevarlas a vivir con él a Sudamérica, se topó con la noticia de que esta había abandonado a la niña para irse a vivir con otro hombre.

Por alguna razón inexplicable y cruel, decidió dejar a la bebé en el convento, y encima escribir un documento con el que negaba formalmente el permiso a la familia Basteri de sacar a Marcella de la institución durante diez años. Todo ese tiempo, bajo el cuidado de las monjas, el único contacto familiar que Marcella tenía eran las visitas de su tía Adua y de su abuela Ida (hermana y madre de su padre, respectivamente). A sus 11 años, a finales de 1957, Marcella finalmente logró viajar a Argentina para reunirse con su padre; no obstante, es imposible medir hasta qué punto todos estos años marcaron su carácter y su apreciación de sí misma.

En Argentina se encontró con un padre bueno, aunque seco y estricto, y tuvo la enorme suerte de encontrar un gran afecto, abrigo y amistad en la que se convertiría en la nueva mujer de Sergio: Catalina Mezín. Esta última siempre se mostró profundamente orgullosa de Marcella, que siendo casi una adolescente aprendió rápidamente el español y se aficionó a la costura y a desfilar en eventos de conocidos de la señora Mezín.

Cata, como la llamaba Marcella, fue su confidente y sería testigo de su historia. Hasta el último día conocido de Marcella en el mundo, ambas mujeres se escribirían cartas y postales, y ella sería una verdadera madre a pesar de la distancia.

Como mencioné, la presencia de Cata fue un contrapeso para la figura sobreprotectora de Sergio, a quien en general no le gustaba que la belleza de Marcella fuera expuesta al ojo público. Y es que Marcella Basteri era una mujer que llamaba la atención adondequiera que fuese. Tenía un físico lo suficientemente atractivo como para respaldar las leyendas Gallego: más de una vez se le presentaría como famosa modelo, actriz y musa italiana. Incluso se repetiría una y otra vez que Marcella era familiar muy cercana de una de las actrices más bellas y famosas de Italia en aquella época: Rossana Podestà, a quien identificaban como su hermana y otras veces como su prima.

Años después la misma Podestà declararía (con bastante sentido del humor, por cierto, y sorprendida) que no tenía la menor idea de quién era la muchacha, y que ni siquiera tenía parientes en la provincia de Massa-Carrara, de donde era originaria la familia Basteri. A pesar de ello, todavía hoy algunas personas afirman que el rumor era cierto. Sin embargo, esta invención solo tenía como meta revestir de glamur, fama y atractivo a la persona que se convertiría en la nueva acompañante de la estrella española emergente en Argentina: Luisito Rey.

AMOR A PRIMERA VISTA

Durante la segunda mitad de la década de los sesenta, Mar del Plata era la «ciudad feliz». Así la describió la revista local *Parabrisas*. En esta ciudad se encontraba Marcella a los 18 años, ya totalmente adaptada a la vida argentina. Acostumbraba a vacacionar allí y el verano de 1968 no sería la excepción.

Iba acompañada de su familia, de sus seres más cercanos en ese momento. Al frente y cuidando del grupo iba Catalina, su madrastra, confidente y amiga. Iban también otras mujeres jóvenes y el hijo del primer matrimonio de Catalina, acompañado de su esposa y su pequeño bebé. En Mar del Plata podían encontrar entretenimiento de todo tipo, incluso llevando al nieto de Catalina con ellos; además, a la familia le gustaba mucho la música: los tangos y las baladas.

Cierta noche decidieron convivir en la Confitería París, que quedaba en la Rambla de la Bristol. Este era un lugar para tomar café y contemplar algún tipo de espectáculo en el área del segundo piso. Las mujeres habían salido solas con el bebé, y llegaron al lugar cuando el *show* ya había iniciado. El artista de la velada era nada menos que Luisito Rey.

Mientras interpretaba al estilo flamenco con su guitarra, Luisito notó de inmediato la entrada de una rubia que le pareció una de las mujeres más bellas que había visto en su vida. Sin dejar de cantar, comenzó a actuar como si esa mujer cautivadora fuera su única audiencia.

Mandó a su hermano Tito de avanzada para averiguar algo acerca de la muchacha, lo que fuera. Necesitaba encontrar la manera de acercarse a ella e invitarle una copa. Siguió cantando, y pronto se dio cuenta de que Marcella era quien se hacía cargo del bebé en el grupo. Al llegar al descanso entre canciones, bajó del escenario, se acercó a la mesa y le hizo mimos al bebé, resaltando lo guapo que era. Asumió que Marcella era la madre y respetuosamente agregó que el niño era tan bello como la señora.

Marcella explicó rápidamente que el bebé no era su hijo. En ese momento Luis, que no era nada tímido para estas cosas, le repitió con más soltura que le parecía realmente hermosa y pidió permiso de sentarse en su mesa. El permiso le fue concedido.

Si creyera en el amor a primera vista, diría que eso fue precisamente lo que sucedió esa noche entre Luisito y Marcella. Objetivamente diré que Marcella estaba totalmente fuera de su alcance. Ella era un 10 y él, a lo mucho, un cuatro. Sin embargo, y en esto habrá que creerles a todos los testigos, el delgado, menudito y melenudo andaluz tenía una gracia y un encanto muy especiales. En otras palabras, un muy buen «rollo mareador» para hacer caer, si no a cualquiera, sí a una muchacha de baja autoestima y carácter débil.

Sí, porque Marcella, a pesar de ser hermosa, era una mujer muy joven con una huella de abandono tremenda, ansiosa de amor y de formar una familia. Cualquiera que haya conocido a Marcella mencionará que era notoria su vocación de madre, misma que ejercía con un orgullo y una dedicación enormes. Recuerdan también su carácter dulce y melancólico, completamente sumiso y amable para con todo el mundo.

Marcella estaba rota y fue presa fácil de los halagos, las promesas y las técnicas de conquista de Luisito, quien siguió viéndola el resto de las vacaciones. Incluso fue a visitar a su padre, Sergio Basteri, en San Vicente, a pesar de que todos juraban que no habría manera posible de que el hombre lo aceptara, pues no cumplía con ninguno de los requisitos que un padre desearía para su hija (Luisito era un vagales consagrado). Sergio, un tanto autoritario y muy chapado a la antigua, ya había decidido que el pretendiente ideal para casarse con su hija era el hijo de un médico conocido por la familia, un joven muy persistente, formal y con un futuro estable llamado Rubén.

Como era previsto, Sergio enfureció ante la sola presencia de Luisito en su casa, a quien habrá que reconocerle que por lo menos tuvo el valor de dar la cara. Su suegro era un hombre el doble de grande y robusto que él, pero Luisito hizo todo lo posible por enredarlo con sus consabidas mañas y palabrería.

No había nada más que hablar. Sergio corrió a Luisito de su casa cuando este fue a pedirle permiso para cortejar a Marcella.

El carácter melancólico de Marcella, que hoy podría identificarse como una depresión severa desde los primeros años de su vida, hizo que tomara esta prohibición de muy mala manera. La alegría que había en su carácter de repente se convirtió en una infelicidad profunda, pasaba todos los días llorando y las noches sin dormir, lamentándose de haber perdido a su galán cantor de aquel verano en Mar del Plata. No era solo la barrera que había puesto su padre para la relación, Marcella se preguntaba amargamente por qué Luis no había intentado ponerse en contacto con ella por varios meses.

Mientras ella lloraba su desdicha, Luisito estaba muy ocupado siendo Luisito. Haciendo uso de sabrá Dios qué préstamos no pagados, influencias y apoyos de amigos que conocía en las fiestas, había dejado Argentina para abrir su propio restaurante con tablao flamenco en Perú.

Siendo dueño de un restaurante y bar con música, canto y baile, pasar las noches entregado por completo a la diversión, el entretenimiento y a los excesos es muy sencillo y casi inevitable. Pero, con todo, esta vez estaba sucediendo algo inédito, rarísimo para los estándares que habían regido la vida del cantante. Era como si le empezara a importar y a doler alguien más que no fuese él mismo: Marcella.

Total que usó sus consabidas artes, esas que le permitían obtener lo que se le daba la gana, y dejó un mensaje telefónico con uno de los vecinos de Marcella. Breve y contundente, le decía que volvería en unos días, muy pocos, por ella. Y que estarían juntos sin importar qué o quién se opusiera. Nuevamente, Marcella se llenó de ilusión.

Luisito cumplió su promesa (sí, por increíble que parezca) y volvió a verla en 1969. Al reencontrarse, Luis le reclamó por no haber contestado a sus cartas; Marcella aseguró que nunca recibió una sola, pero de inmediato pensó que seguramente su padre las había interceptado. Esa es la opción más romántica y no es poco factible, aunque los antecedentes de Luisito bien pueden indicar que entre tanta fiesta no le dio tiempo de dedicarse al hermoso arte del amor epistolar y nunca escribió ni media línea. Enigma.

El caso es que, una vez discutido el tema de las cartas y el reencuentro, decidieron casarse con o sin el consentimiento de don Sergio. O bueno, al menos eso fue lo que decidió Luis y así se lo informó a Marcella.

Ella estaba perdidamente enamorada y dispuesta a todo. Incluso a participar en una gran farsa, e involucrarse directamente en una de las trampas de Luisito ante el mundo. Ante las leyes, para ser más específica. Fingieron su boda, pero no se casaron realmente, acaso motivados por el hecho de que Luisito era un prófugo en su país natal, acaso por el odio a todo lo religioso que acompañaba su vida y que no era menor a su aversión por cualquier compromiso real.

No puedo decir que Luis no haya hecho al menos un pequeño esfuerzo por ganarse a su suegro. Se tomó la molestia de falsificar un acta de boda (la familia Gallego debe ser una de las más fuertes competidoras en los torneos de falsificación de actas registrales en materia civil en el mundo, yo les doy el Premio Santo Domingo Diamante) solo para calmar la furia de Sergio, quien de haber sabido que ese anticlerical, rebelde, odiador de la Iglesia se llevaría a su hija sin matrimonio de por medio, quién sabe de lo que hubiera sido capaz.

La noticia de su (inexistente) matrimonio incluso sería publicada discreta pero innegablemente en un medio donde la familia de Marcella pudiera leerla. Con fecha del lunes 19 de mayo de 1969 y el sencillo título «Se casó», el diario *Crónica* anunciaba que se había formado una pareja:

El diminuto cantante español Luisito Rey, en el mayor de los secretos, acaba de contraer matrimonio con una niña ajena a la farándula que responde al nombre de Marcela. Los esposos, que se casaron hace dos meses, se conocieron este verano en Mar del Plata y habitan un coqueto departamento del Barrio Norte. Apréstandose a partir para México, donde practicarán la clásica luna de miel, y además, Luisito cumplirá algunos compromisos artísticos. El muchachito quiere dar dos puntadas con el mismo hilo.

(Ya sabemos que no se conocieron en el verano de ese año, pero eso es lo de menos).

Así fue como Marcella y Luisito se «casaron». Ante el mundo, Marcella fue su esposa, además de ser madre de los hijos del cantante. Con los años, su rostro sería publicado en todos los medios. Primero, como fruto del ascenso al éxito de su hijo mayor, pero más adelante y durante décadas por razones no precisamente felices.

Como auténticas parejas y compañeras de vida de Luisito Rey, solo se han identificado a dos mujeres: Marcella Basteri y Yolanda Mingo, ambas rubias y con características físicas similares. Sin embargo, la verdad es que el historial seductor de Luisito Rey fue amplio. Yolanda fue su segunda pareja «formal» y quien lo acompañó durante sus últimos días. Ella ha afirmado que Marcella fue el «gran amor de la vida» del villano. Suena cuestionable, pero en su propia retorcida y enferma manera, así fue: nadie llegó a importarle tanto como Marcella, aunque fuera solo por un tiempo. Yolanda cuenta que Luisito recordaba constantemente a Marcella, siempre de manera elogiosa y evocando buenos momentos. Claro, no hay que olvidar que el tiempo que Yolanda pasó con Luis, lo pasó con un hombre que ya estaba afectado de manera permanente por sus adicciones al alcohol y a la cocaína, por lo que tenía fuertes lagunas mentales y vivía en una paranoia constante.

Puede que nunca obtengamos detalles sobre su vida amorosa. Lo que sí podemos saber es que Luisito era un personaje complejo, ambiguo, que, así como tenía un lado perverso y oscuro, también sabía hacer uso de sus encantos. Por ejemplo, la magia de la música. Basta recordar la canción «Marcela», dedicada a ese gran amor de su vida (si es que los villanos son capaces de amar). Canción que, por cierto, también Luis Miguel le dedicaría a su mamá años más adelante, en una de las últimas apariciones públicas de la italiana… pero no me adelantaré.

MARCELA

AUTOR: Luis Gallego Sánchez (1970, fragmento)

Nada en este mundo vale nada, si no estás,
Marcela.
Todo me parece más hermoso junto a ti, Marcela.
[…]
Rosas yo quisiera regalarte
pero a lo mejor toman envidia de tu piel.

Tal vez eso de repetir una y otra vez las frases románticas de la canción funcionó como una especie de mantra, pues hoy es difícil saber cuál fue la razón por la cual Marcella permaneció tantos años al lado de Luisito a pesar de los abusos, las vejaciones y la violencia constante. Quienes la conocieron la describen sin falta como una mujer muy dulce y extremadamente sumisa a los deseos de Luisito, preocupada solo por el bienestar de sus hijos y de su casa. Su unión estaba repleta de *red flags*, era evidente el futuro de fatalidad desde el principio; pero, sin duda, todo se acrecentó con la llegada de los hijos en común.

Hasta Alfred Herger (de formación psicólogo y a quien mencionaré más adelante cuando hable del ascenso de Luisito en Puerto Rico) quien la conoció de cerca, la identificaría como víctima del síndrome de Estocolmo, por el cual se mantenía ¿enamorada?, ¿atada?, ¿resignada?, y determinada a seguir al lado de quien en la práctica fungía como su captor y victimario.

CAPÍTULO 6

CADENA INTERNACIONAL DE ESTAFAS Y FUGAS

LUISITO QUIERE SER REY... EN TERRITORIO AZTECA

El clan Gallego estaba decidido a llegar a México, incluso lo anunciaron en el aviso nupcial de Luisito y Marcella en el diario *Crónica*: «Aprestándose a partir para México, donde practicarán la clásica luna de miel, y además, Luisito cumplirá algunos compromisos artísticos».

Luisito estaba convencido de que su arte sería enormemente apreciado en Estados Unidos, y el primer escalón obvio del mercado norteamericano era el país azteca. Por otro lado, ya para estas fechas era más que claro que cualquier cantante o músico que quisiera triunfar en el mundo de habla hispana tendría su mejor trampolín en México.

Televisa ya era en ese momento la poderosa televisora que en los otros países latinos admiraban por sus telenovelas, una empresa que ostentaba un poder casi sin límite, siempre de la mano de los factores políticos más importantes y definiendo en conjunto el futuro de todos los aspectos del país. Tenía, además, un método casi infalible para vender discos, para determinar quién llenaría los centros nocturnos tan populares en la época, para decidir qué canciones se escucharían en la radio y quiénes llegarían a tener proyección internacional.

Televisa dictaba lo que debíamos ver los mexicanos y los latinos en nuestras casas, por lo que era una parada inevitable para alguien con la sed de fama de los Gallego. Y qué mejor momento. Luisito estrenaba una esposa maravillosamente fotogénica, una rubia internacional a la que podía crearle (como hizo) una historia y un nombre diferente para cada nota de prensa.

Don Jaime Sánchez Rosaldo es uno de los testigos más cercanos de la historia de la música contemporánea en México; a lo largo de 50 años, fue representante y promotor de artistas como José María Napoleón, Lupita D'Alessio, Lucerito, Paulina Rubio, Sentidos Opuestos y muchos más. Él me concedió el siguiente testimonio:

Triunfar en México no era opcional. Si cantabas en español y querías de veras ser alguien, ser una estrella y no uno más, tenías que pasar a México y triunfar acá. Si no lograbas hacerte conocido en México, salir en la tele en México, que te programaran en la radio en México, tus posibilidades de verdaderamente truinfar y ser conocido y poder dar conciertos en el resto del mundo de habla hispana eran prácticamente nulas. Podías ser Camilo Sesto, Rocío Dúrcal o Julio Iglesias en España, o más adelante Miguel Bosé o Mecano y allá tener tus discos y tus seguidores, pero para el verdadero triunfo, para de veras pasar al estatus de superestrella, había que hacer las maletas y pasar por México y su *star system*.

Luisito sabía de sobra todo esto y decidió hacer uso de las herramientas que tenía a mano. En 1969 llegó a México con la rubia portentosa que mencioné antes... Ah, y con el pequeño retoño que albergaba en ese momento en su vientre. Porque, sí, omití ese pequeño detalle: Marcella ya estaba embarazada al momento de llegar a México.

Al principio, Luisito y familia se estaban quedando en un hotel, pero pronto comenzó a insistir con el discurso de que estaba perdiendo dinero, que los gastos eran demasiado excesivos y el trabajo no abundaba... Total, que acudió a su amigo Marco Antonio Muñiz. Luisito había conocido al cantante en España, al terminar un concierto en el Florida Park. Los unían intereses en común: la música, el gusto por el flamenco. Su relación se volvió tan cercana que fue Marco Antonio quien lo ayudó a establecerse.

Les consiguió un departamento en el mismo edificio donde él vivía, en Insurgentes, casi con esquina en avenida Xola.

Ambos, Luisito y Marco Antonio, tenían en ese momento a sus esposas embarazadas. Esto logró unirlos todavía más. Se volvieron tan amigos que se convirtieron casi en familia. Basta con decir que se sabe que Coque Muñiz, el hijo de Marco Antonio Muñiz, ha salido a defender la memoria del fallecido Luisito cuando algunos sucesos de la serie de Netflix no le han parecido correctos.

Luisito Rey consiguió dos o tres negocios, pero no demasiados. La fama que tanto anhelaba seguía siendo un sueño; no obstante, sí comenzó a forjarse camino, con la ayuda de Marco Antonio por supuesto, quien en ese entonces ya estaba bien posicionado en el medio. Luisito se presentó en el Teatro de la Ciudad, ubicado en el entonces Distrito Federal, y en el hotel Hilton de Guadalajara. Su éxito fue mediano. Insuficiente para él, pero bastante como para que, a kilómetros de ahí, en la caribeña isla de Puerto Rico, el famoso representante y productor de artistas Alfred D. Herger comenzara a oír su nombre.

Y qué mejor. Luisito sabía bien hasta dónde quería llegar. Si bien México era un territorio que se antojaba, que lo seducía, él sabía que la meta de metas, la última conquista, el verdadero sueño era Estados Unidos. ¿No sería Puerto Rico, un territorio no incorporado de aquel país, un trampolín idóneo para alcanzar su gran ambición?

También sería el espacio ideal para que naciera y pusiera en práctica el mecanismo al que he llamado el Sistema de Desfalco Gallego (SDG), todo un entramado de estafas, perfeccionado gracias a la experiencia y aplicado una y otra vez con resultados nada despreciables.

Este sistema era aparentemente sencillo, pero tenía su gracia y requería preparación, estudio, análisis de las circunstancias, los nexos, las personas, las posibilidades. Debes recordar que funcionaba en el mundo sin internet, así que requería de algo de lo que poca gente habla: un enorme carisma, un cierto grado de talento artístico, don de gentes, aguante para el alcohol y la fiesta digno de los más rudos, mucha sabiduría de esa que se adquiere en la calle y algo de eso que algunos llaman «el gracejo andaluz». Era básicamente la artimaña que utilizaba el Luisito bandido (timador, estafador, arribista...) y mediante la cual conseguía engatusar a sus víctimas hasta que estas de pronto se encontraban en un punto de no retorno, sin saber cómo habían llegado hasta ahí.

Algunas de las víctimas del SDG terminaron destrozadas anímica y financieramente (ya te hablaré del caso de Alfred D. Herger). Otros, más fuertes o menos involucrados, lograron salir indemnes, pero sin duda deseando que esta familia nunca se hubiera cruzado en sus caminos. Por último, algunos, ya con el paso del tiempo, llegaron incluso a perdonarlos y a quedarse con la satisfacción de haber contribuido, aunque fuera en una pequeña medida, a la gestación de esa enorme estrella que sería Luis Miguel. Luisito Rey y Luis Miguel, una contradicción permanente. Uno tan oscuro, el otro tan brillante.

PUERTO RICO

En el despacho de su productora en Puerto Rico, Alfred D. Herger comenzaba a oír hablar más y más sobre Luisito Rey. Herger era ya un pionero en los medios de comunicación y el entretenimiento en la isla caribeña. Conocido popularmente como Alfred Herger, este famoso presentador de televisión y psicólogo llegaría a ser conocido como el Ed Sullivan de Puerto Rico.

¿Quién era ese andaluz encantador y tan magnético? Aunque era pequeñito y algo insignificante, sobre el escenario se transformaba en una persona completamente distinta. Tenía ese algo que no es fácil de encontrar. A Herger le interesó más y más, creyó ver en él un gran potencial, un futuro prometedor.

Luisito movió los hilos como siempre hacía. Herger fue una más de sus víctimas, y lo deslumbró con esa mezcla muy suya de talento y manipulación.

Colmilludo como siempre fue, la vida de Luisito era mitad trabajo verdadero (la música, el canto, el arte, pues), y la otra mitad, una interminable búsqueda de contactos, siempre monitoreando y cazando personas que lo pudieran ayudar a impulsar su carrera. Una vez que encontraba a alguien de utilidad, no descansaba hasta engatusarlo y convencerlo de involucrarse en negocios con él. *Spoiler alert*: esto nunca resultaba bien para esas personas. Para Luisito sí, pues una y otra vez conseguía salirse con la suya, abandonarlo todo sin siquiera un rasguño.

Le aseguró a Herger que sí, por supuesto que estaba interesado en que trabajaran juntos, pues aquella mancuerna no podría sino generar miles, millones de ganancias. Para Herger, esta serie de decisiones parecerían de alguna manera orgánicas, naturales, pero no lo fueron en realidad. De hecho, Luisito fue convenciendo a Herger (trabajándolo, diríamos coloquialmente) hasta que este llegó a creer que la idea había surgido de su propia mente, cuando en realidad fue Luisito quien la había implantado ahí.

Desde luego, Luisito sí estaba interesado en la propuesta de Herger: trabajar juntos como cantante y promotor sonaba bastante bien. Además, no hay que olvidar que este paraíso que es Puerto Rico cuenta con una peculiaridad: es una colonia de Estados Unidos, es decir, un territorio perteneciente a la gran potencia mundial.

Sin embargo, había un detalle (siempre lo había). Y es que Marcella, el gran amor de su vida (por lo menos así es como lo decía él, cuando le convenía) tenía en aquel entonces ocho meses de embarazo, y al andaluz le preocupaba mucho tener que dejarla sola en esas condiciones. Esperaban a su primogénito y lo mejor sería que estuvieran juntos. Además de que, si el niño nacía en Puerto Rico, gozaría de la nacionalidad estadounidense; al ser padre de un ciudadano norteamericano, Luisito podría entrar y salir de Estados Unidos como quisiera, y esto facilitaría su carrera musical.

¡Por supuesto!, concedió el empresario boricua. No hace falta ni mencionarlo. Marcella viene como parte del paquete, la familia Gallego Basteri se muda completa a Puerto Rico. Y así sería... Pero había otro detalle. No era solo Marcella. Luisito también necesitaba tener a su madre a su lado, precisamente para ayudar con las labores de crianza de las cuales una pareja joven e inexperta no tenía idea. Y ya en esas, pues también al hermano, que además venía acompañado de su esposa, etcétera. Total, que lo que sería un traslado de un artista se convirtió en la auténtica caravana de un clan.

Herger cumplió todos los caprichos del artista. Concedió hasta en las cosas más nimias y aparentemente inocuas, como amueblarles las viviendas y conseguirles visas de trabajo. Tuvo que costear la mudanza y el establecimiento de Luisito y compañía en la Isla del Encanto. Pero todo valdría la pena, aparentemente, pues resultó que a Herger no le faltaba razón. Luisito comenzó el ascenso a la fama. No por nada, el representante era un experimentado empresario del ramo, el señor sabía lo que hacía y conocía su oficio.

Herger comenzó a manejar la carrera de Luisito en Puerto Rico. Con el tiempo renunció a todos los demás artistas que representaba para dedicarse de lleno al andaluz. Solo con eso podemos darnos una idea de cuánta confianza depositó en el cantaor. Luisito le pidió que lo apoyara para tener una carrera en Estados Unidos y lo cierto es que no se trataba de un capricho injustificado; a fin de cuentas, los estadounidenses que lo habían visto en Puerto Rico habían quedado asombrados y extasiados ante su despliegue de talento. Además, no sería el primero: su compatriota Raphael también estaba triunfando en la Unión Americana. Era cuestión de tiempo y ganas, nada más.

Herger consideró que la capacidad realmente virtuosa de Luisito en la guitarra haría una gran diferencia. Eso, sumado a su personalidad, lo volvía un producto muchísimo más rentable que la media, notablemente superior a sus contemporáneos. A estas alturas ya estaba completamente engatusado por Luisito. No solo lo consideraba un virtuoso, sino que estaba convencido de que era un genio. Lo había impresionado mucho una historia según la cual Picasso se había vuelto fan del andaluz y le había obsequiado un dibujo hecho en una servilleta. En agradecimiento, Luisito había usado dicho boceto para la portada de uno de sus discos. En la actualidad, todo parece indicar que la anécdota era falsa, pero Luisito no tenía empacho en mentir a diestra y siniestra, incluso a pesar de que sus inventos involucraran a otras personas. Su cinismo podía más que sus escrúpulos, y eso fue una constante a lo largo de su vida.

GIRA POR ESTADOS UNIDOS

Herger obtuvo para Luisito una gira por Estados Unidos y hasta una participación en el *show* de Ed Sullivan. Se sabe que Luisito sí llegó a debutar con cierto éxito en Nueva York. La actuación del andaluz fue anunciada ni más ni menos que en *The New York Times*, lo que no es poca cosa. Pero resultó que una vez listo para el debut, a Luisito le molestó que los estadounidenses quisieran ataviarlo con la indumentaria típica de la región andaluza. «Como un payaso», fueron sus palabras. Él quería salir vestido de traje, como un señor, como Raphael, y no cedió ante las indicaciones del foro. En palabras mexicanas, diría que hizo un tremendo berrinche y al final no se presentó. El negocio se cayó.

Pero, como hemos visto que a Luisito nada lo detiene, ni siquiera la diferencia entre verdad y mentira, una vez que el viaje por Estados Unidos terminó, él se dedicó a propagar, ante cualquiera que accediera a escucharlo, que sí se había presentado con Ed Sullivan (mentira), y que su gira había sido un gran éxito. Claro, hay que recordar que estábamos en los años en los que no había internet, y la gente no tenía manera de enterarse de si algo había o no sucedido. Nadie habría dudado de la palabra de un cantante como él. ¿Por qué inventaría algo así?

Sí. ¿Por qué?

Pues, porque así era como se manejaba: inventando y manipulando la realidad a su antojo.

Al final, el principal enemigo de los grandes villanos siempre acaba por ser su propio ego, ellos mismos. El delirio de grandeza y el peso de creerse un ser superior fue lo que llevó a Luisito al ocaso. Y tampoco supo manejarlo. A fin de cuentas, la decadencia y el fracaso eran lo que él más temía. Ni siquiera Herger, con sus poderes mágicos y esa capacidad maravillosa de mostrarles el camino de la gloria a los artistas, logró salvarlo. Fue su primer representante, le abrió las puertas de Puerto Rico y le afincó el sendero hacia el éxito, pero la locura y el pésimo carácter de Luisito hundieron todos los posibles negocios en Estados Unidos. Rey anhelaba ser una estrella, pero quería serlo a su manera («Soy como quiero ser», ¿te suena?). Tras el chasco de la gira, los contratos se cayeron, todo se vino abajo.

Por si fuera poco, Herger se enteró de que Luisito y su clan habían estado aceptando negocios en otros países sin notificárselo a él, su mánager; por supuesto, todo ello sin desglosarle ni reportarle, mucho menos entregarle, un centavo de las ganancias. Conforme al contrato que Rey había establecido con Herger, a este le correspondía un porcentaje de lo ganado en esa gira. Herger decidió investigar a fondo y enfrentarlo. Encontró, por ejemplo, que habían concretado una gira por Centroamérica, gracias al único y siempre disponible éxito de «Frente a una copa de vino» (ya, en serio, Luisito, ¿no pudiste componer otra canción exitosa en todos estos años?). La manera que encontró Luisito para zafarse de este dilema fue inventarse la noticia de que se habían metido a su casa a robar y se habían llevado todo el dinero ganado en aquella gira, razón por la cual, naturalmente, no podría pagar su parte a Herger. Finísima triquiñuela, hay que decirlo… (es sarcasmo). Luisito llegó al extremo de hacer que la noticia saliera en los periódicos para darle veracidad.

Herger empezó a sospechar que había algo muy extraño detrás de todo eso. Primero, porque habló con el detective a cargo y este le comentó que no se veía que hubieran forzado la entrada. Luego, porque, pues… Luisito. Con el tiempo se demostró que este era el *modus operandi* de los Gallego (ya te hablé de esto): engañar y utilizar a la gente haciéndoles creer que había un proyecto para que se envolvieran económicamente y después quedarse con todo el producto de la inversión. Y aquí he involucrado a los Gallego como clan porque todas estas argucias se llevaban a cabo en conjunto. Luisito trabajaba junto con su hermano Pepe, quien maquinaba todo; aplicaron la misma técnica montones de veces.

La paradisiaca Isla del Encanto dejó de ser tan paradisicaca precisamente por la presencia de un personaje diabólico. Pero, siendo completamente fieles a la verdad, cabe resaltar que por esas fechas ocurrió además un evento que cambiaría la escena musical latina durante las décadas por venir: el nacimiento de Luis Miguel. Herger ayudó económicamente al matrimonio con todo tipo de gastos, incluidos los hospitalarios, pero Luisito dejó al mánager colgado y estafado con el 50% del contrato, un montón de gastos de honorarios más una tonelada de horribles deudas.

Herger fue una víctima más de las artimañas de Luisito Rey, quien, como he dicho, oscilaba entre la manipulación, mentiras y chantajes, y una personalidad magnética que atraía a quien se dejase. Eventualmente describiría a Luisito como psicópata y adicto. Poseía extremos rasgos de narcisismo y egocentrismo y era incapaz de sentir empatía o amor. Exhibía claramente un comportamiento amoral y antisocial y era un individuo muy propenso a infligir daño sin medir las consecuencias. Y esto no se limitaba a lo profesional, sino que también había evidencias de su conducta en lo más íntimo y familiar.

Por otra parte, el boricua recordaría a Marcella con cariño y admiración. La verdad es que en el fondo también lo conmovía, y no de la mejor manera, verla sumida al 100% en la maternidad y obedeciendo a su marido casi como una sirvienta. «Era una mujer muy dulce que se daba a querer muy fácilmente», afirmaría al pensar en esa época. También relataría que Luisito Rey «la gobernaba solo con los ojos». Una mirada de ese insulso personaje bastaba para dominarla. Después de todo, Marcella se encontraba sola en un país ajeno, había dejado todo en Argentina. La relación de dominación de Luisito sobre Marcella era evidente. Como ya mencioné, la dinámica entre ellos era una especie de síndrome de Estocolmo. Ella lo veía como un Dios y agradecía el favor que él le otorgaba al estar con ella.

Y es que así era como se movía Luisito por la vida: haciéndoles creer a las personas que el mundo no lo merecía, que él estaba por encima de todos y todo y que, por ese motivo, tenía derecho a hacer lo que se le antojara, incluso a base de mentiras y estafas. Muchos fueron cayendo como moscas. Algunos, como Herger, se levantaron al paso de los años. Otros, como Marcella, no encontrarían una salida tan fácil, o ninguna salida en absoluto.

CAPÍTULO 7

LA ESTRELLA QUE TANTO BUSCÓ POR FIN LLEGA

¿Por qué será que algunos padres proyectan sus sueños incumplidos en sus hijos? Ya sea de manera consciente o inconsciente, los ven como una extensión de sí mismos y los utilizan como vehículos para alcanzar aquellas metas que no han podido lograr por sí solos. Me viene a la mente la casa de Luisito Rey en Las Matas (de la cual hablaré luego). Múltiples testigos aseguran haber visto una serie de pantallas en esa casa, todas proyectando videos de Luis Miguel durante todo el día, todos los días. ¿Qué mejor ejemplo de la sublimación de los sueños propios hacia los de los hijos que esa?

Luisito siempre quiso ser la estrella más grande del firmamento musical hispano y, por qué no, tal vez global. Desde muy chico tuvo claros sus objetivos, y si no los logró fue porque sus propias decisiones y la torpeza propia de su egocentrismo interfirieron. Lo que sí hay que reconocerle es que era un verdadero visionario, y tal como un cazatalentos nato, supo encontrar el tesoro que se encontraba oculto en su propia casa.

Pero permíteme regresar un poco en la historia hasta el momento exacto del nacimiento de la verdadera estrella, aquel semidiós de piel dorada y ojos verdes que llegaría a ser considerado «El Sol de México».

Fue precisamente en el hospital San Jorge en Santurce, Puerto Rico, donde nació el primogénito de Marcella Basteri y Luisito Rey. La fecha oficial del nacimiento es el 19 de abril de 1970, aunque con los años han surgido las dudas de si en realidad nació un día antes. Como no es mi intención sacarle su carta astral a Miki, dejaré la versión oficial como la buena. Este bebé llevaría por nombre Luis Miguel, y en aquel entonces nadie sospechaba que se convertiría en el máximo ídolo de la música pop latina para por lo menos cuatro generaciones. Eso sí, hay que poner atención al hecho de que el nacimiento de Luis Miguel en Puerto Rico fue concienzuda y deliberadamente planeado, por aquello de la nacionalidad estadounidense y los negocios de su progenitor. No fue un accidente, como años después se manejaría ante los medios. Nada, absolutamente nada en la vida de Luisito Rey fue circunstancial. Todo era siempre producto de su mente astuta y malévola, dispuesta a embaucar a quien se dejara.

Herger ayudó al matrimonio hasta en el momento del parto. Se sentía comprometido, pues, a fin de cuentas, él los había llevado a Puerto Rico. Se encargó de todos los gastos del hospital. Incluso, fue su propio primo, un médico de la isla, quien estuvo a cargo del alumbramiento. Cuando por fin salieron a la luz las estafas de Luisito, el médico decidió no cobrarle al mánager sus honorarios. Pero dejemos de lado a Herger por un momento y vayamos a la escena del nacimiento de El Sol.

El joven y feliz matrimonio no cabía de alegría ante el suceso. Luisito decidió darle al bebé un nombre «grande». Un nombre que determinara su futuro y su valor. Así pues, escogió Luis Miguel, igual que aquella combinación de nombres que él mismo había usado de joven, inspirado y rindiendo homenaje a Luis Miguel Dominguín, el padre de Miguel Bosé. Era el nombre de un número uno, o por lo menos eso le respondía a todo aquel que preguntase.

Marcella, por su parte, aunque estaba feliz por obvios motivos, también parecía cada día más apagada y deslucida. Su carácter dulce estaba opacado por algo cercano al miedo. Testigos de aquellos años la recuerdan extremadamente callada, como si tuviera miedo de hablar de tanto que sabía, como si no quisiera cometer errores, dar información de más. Lo único que hacía era escribir cartas a su madrastra, Cata.

Esas cartas que Marcella le envió a Cata a finales de la década de los sesenta, rescatadas y dadas a conocer por el periodista Javier León Herrera en una de sus biografías sobre Luis Miguel, son la evidencia para comprobar que, cuando salió de Argentina en 1969, ya llevaba en el vientre a su primogénito y que estaba realmente ilusionada por convertirse en madre. Esto es pertinente aclararlo, porque luego no faltarían los vivales que saldrían a querer aprovecharse de la fama del ídolo en ascenso; es decir, personas que comenzaron a atribuirse la paternidad de Luis Miguel. Debido a que nadie puede saberlo del todo, será mejor mantener una distancia prudente con estas teorías, aunque también se vale darles cabida a ambas versiones.

¿ES O NO LUIS MIGUEL HIJO BIOLÓGICO DE LUISITO?

El hecho comprobado de que Marcella salió de Argentina ya embarazada de Luis Miguel ha sido útil para desmentir otras versiones que han circulado libremente, añadiendo intriga a la historia (que de por sí es intrigante).

Tenemos por ejemplo el caso de José Juan Arias Guardiola, un empresario puertorriqueño que afirmó públicamente ser padre biológico de Luis Miguel (hasta escribió un libro llamado *Luis Miguel es mi hijo*). El señor Arias afirmaba que había tenido «una noche de romance con Marcella a escondidas de Luisito» y se basaba principalmente en su supuesto parecido físico con el cantante.

Naturalmente, el señor pasó por todos los programas de espectáculos, *talk shows* y revistas de chismes de la época, se sometió al polígrafo, ofreció pruebas de ADN. El simple hecho de que las fechas y la presencia de Marcella en Puerto Rico no coincidan con los tiempos del embarazo ha hecho que a este sujeto se le descalifique por completo.

Sin embargo, sí hay algo de cierto en que Luis Miguel, desde muy joven, ha dudado ser hijo biológico de Luis Gallego. Esta situación ha sido confirmada en múltiples ocasiones por las personas que lo conocen más de cerca.

Sin duda, el biógrafo más serio de Luis Miguel es el español Javier León Herrera, autor y coautor de los libros *Luis Mi Rey, Luis Miguel: La historia* y *Oro de rey*, a quien mencioné páginas atrás. Ha dedicado años de su vida, más de una década, a investigar de manera directa y estrictamente profesional todo lo posible acerca de los detalles de la vida de Luis Miguel. Y hace un tiempo afirmó que Luis Miguel ha dudado prácticamente toda su vida si Luisito Rey es o no su padre biológico.

En 2018 Javier fue contratado como asesor para la autobioserie, justo reconocimiento a la seriedad y el respeto de sus investigaciones acerca de la vida del artista. Ha mostrado gran cuidado al declarar con respecto a los temas delicados que pudieran afectar a las personas aludidas. Ese mismo año, declaró textualmente lo siguiente:

Yo recojo en mis libros las dudas sobre si Luis Rey era su padre biológico, las ha tenido el propio Luis Miguel en muchas épocas de su vida. Yo, personalmente, creo que no es el papá biológico.

Es altamente probable que, al día de hoy, Luis Miguel esté enterado de la realidad: si es o no un Gallego por sangre. En ningún momento se molestó o pidió que Javier León se retractara de su declaración, todo lo contrario. No por nada, Javier fue contratado como asesor para la autobioserie.

Sin una prueba de ADN en la mano, nadie puede afirmar una verdad absoluta. Lo cierto es que el estilo de vida de Luisito y muy probablemente también de Marcella daba pie a prácticas que eran más que comunes a fines de los años setenta, como las fiestas sexuales que incluían intercambio de parejas.

Alejandro Basteri, el hermano menor de Luis Miguel, tiene cierto parecido con su madre, pero también lo tiene con su padre: la estatura, la complexión, la forma de la nariz, ciertos rasgos faciales. Pero este no es el caso de El Sol, quien es totalmente Basteri. Muchas personas consideran que esto tal vez fue un factor que ayudó al descaro en la explotación y el maltrato del niño por parte de Luisito Rey, quien además era notoria e infinitamente inferior en cuanto a talento y carisma.

La envidia del padre al hijo es un tema que a nadie le gusta tocar, pero que es una realidad en muchos casos. La envidia de una persona mezquina y sin empatía como Luis Gallego hacia su hijo es aún más factible. La envidia y, ¿por qué no decirlo?, tal vez el odio de un hombre así hacia un hijo que además sabe que no lleva su sangre…

¿Quién es el padre de Luis Miguel? Las fechas y las cartas de Marcella a Cata establecen que fue procreado en Argentina. Fiestas, cientos de ellas. Lo cierto es que al día de hoy, y dado que Marcella ya no está para hablar al respecto y se trata de un asunto extremadamente íntimo en la vida de Luis Miguel, solo queda especular y decidir si somos #TeamLuisitoPapáBiológico o #TeamElInfelizNi SiquieraEraSuPapá.

CAPÍTULO 8

MÉXICO LINDO Y QUERIDO

Dejaré de lado por un momento el cuestionamiento (fundado, en mi opinión) de la paternidad biológica. De cualquier modo, los genes no lo son todo. Padre es el que cría… y, en este caso, el que explota y tortura psicológicamente.

En la década de los setenta, Luisito y compañía (el clan Gallego) viajaron nuevamente a México. Diría que «con la cola entre las patas», pero la verdad es que no fue así. Huyendo, sí, con montones de deudas que ellos no pagarían y con contratos cumplidos a medias, de los cuales otras personas, como Herger, se encargarían. Pero con la frente en alto, siempre orgullosos de sus triquiñuelas, convencidos de que el mundo les debía la vida.

Recordemos que, en su estancia anterior en México, y aunque Luisito había tenido presentaciones, le había sido difícil concretar su éxito y llenar sus expectativas irreales.

Por eso se fue a Puerto Rico, para ver si allá la armaba mejor (y más rápido). Sin embargo, dado que cortó con Herger muy a la mala, a su vuelta a México se encontró con que ya no tenía representante ni patrocinadores ni francamente mucho que cosechar. Entonces se dio a la tarea de recomenzar el camino. Decidió hacer uso de su enorme y verdadero único talento: las relaciones públicas (si es que entendemos como «relaciones públicas» a la manipulación y a la red de mentiras que los Gallego iban tejiendo a su paso). Bajo el auspicio de su viejo amigo Marco Antonio Muñiz, Luisito se desvivió intentando agradar a los ejecutivos de Televisa. Ahora, además, tenía un nuevo aditamento. Uno que se convertiría en la gallina de los huevos de oro, aunque esto él no lo sabía aún. Estoy hablando de su primogénito, ese bebecito rubio adorable que se robaba las miradas de quien se cruzara en su camino. El niño era lindísimo, y la familia que ahora conformaban Luisito, Marcella y Luis Miguel era demasiado adorable como para describirla en palabras.

Luisito comenzó, pues, a urdir nuevos planes, esta vez haciendo uso de su recién estrenada paternidad. Sabemos que lo que más le importaba al andaluz eran las conexiones, y qué mejor pretexto que un bebé hermoso para concretarlas. Decidió bautizar a Luis Miguel en la capital del país, específicamente en la parroquia del Purísimo Corazón de María (donde años más tarde se filmaría la película *Romeo + Julieta* con Leonardo DiCaprio y Claire Danes).

Consiguió que los padrinos de su primogénito fuesen Guillermo Núñez de Cáceres (personaje muy influyente de Televisa) y Yolanda Sasea (la esposa de Jaime Ortiz Pino, otro connotado personaje de la televisora y quien fungió como la voz oficial de la estación de radio XEW). El bautizo se llevó a cabo en agosto de 1970 (si consideras que Luis Miguel nació en abril, verás que Luisito no tenía tiempo que perder). Entre los asistentes estaba ni más ni menos que José José, a quien los Gallego se habían ido acercando haciendo uso de su magia para las relaciones públicas. Esto nos puede indicar el nivel de proyección que Luisito Rey comenzaba a cosechar ya para ese entonces. O sea, tener de invitado al Príncipe de la Canción no era cualquier cosa.

Vivían todavía en el departamento de Insurgentes con Xola, el mismo que habían dejado temporalmente al mudarse a Puerto Rico. Se sabe que el festejo del bautizo de Luis Miguel se llevó a cabo en este lugar, con una paella espectacular que preparó Pepe Gallego (¿quién dice que los máximos villanos no pueden ser grandes cocineros?) y con bailes que duraron toda la noche.

DE VUELTA EN LA MADRE PATRIA

A inicios de los años setenta, Luisito había cosechado un éxito mediano en México con su álbum *Luisito Rey*, dirigido y producido por el empresario Jaime Ortiz Pino en su faceta de productor musical, del que destaca el sencillo «El lavaplatos». Otro de los temas que contiene, llamado «Mi religión», lo llevó a presentarse en el Primer Festival de la Música Latina, en Nueva York. Así pues, logró concretar algunas presentaciones, cierto reconocimiento...

También aconteció que lo contrataron para producirle un disco a una cantante colombiana (que hasta la fecha sigue sin ser identificada). Sin embargo, el andaluz sacó a relucir su verdadera naturaleza traicionera y, de nuevo, quedó mal con todos. No produjo el disco, la cantante lo demandó, Luisito se metió en problemas y de un minuto al otro decidió escaparse una vez más de México con su familia.

El biógrafo Javier León Herrera narra la huida a detalle. Hay una escena especialmente dramática, cuando están por abordar el avión, a la que Herrera califica de surrealista. Como todo en la vida de los Gallego, diría yo. El empleado de la aerolínea le negaba el paso, argumentando que tenía la salida del país prohibida por denuncias, mientras que el andaluz, malencarado y peleonero como siempre, negaba su propio nombre, decía que él no era Luisito y que no era Luisito; de hecho, estuvo a punto de dejar a Luis Miguel en tierra con tal de subirse al avión. Al final una fuente anónima, citada por Herrera, indica que fue él o ella quien prácticamente «lanzó» al bebé hacia su padre, bromeando incluso con que «iba a salir piloto».

La familia se instaló en España, en Cádiz, y fue precisamente ahí donde Luis Miguel vivió sus primeros años de infancia. Creció en la ciudad natal de su padre y ahí mismo nació su hermano Alejandro, el segundo hijo de Luisito y Marcella.

Fueron tiempos difíciles económicamente, no tenían ni para comer, aunque, claro, no es como si Luisito fuera una víctima de las circunstancias… todito se lo había buscado él. Pero, igual, Marcella y los niños qué culpa tenían. Vivían en una casa modesta en el barrio de La Ardila, San Fernando. Ya para 1980, cuando decidieron llevar a cabo la primera comunión de Luis Miguel en el liceo Sagrado Corazón de San Fernando, eran tan pobres que empeñaron un reloj de oro para poder pagarle su traje.

MÉXICO OTRA VEZ, AHORA CON JUAN PASCUAL GRAU

Juan Pascual Grau era un español afincado en el Distrito Federal, dueño de una serie de restaurantes de comida ibérica y de un bar de variedades. Pero, sobre todo, era un nostálgico apasionado con un gran apego por su península. Era casi inevitable que cayera seducido por el encanto de Luisito Rey, un andaluz dicharachero y vivaz que era capaz de enamorar a un escenario entero con su virtuosidad en la guitarra flamenca. Digamos que era candidato perfecto para que arrancara una vez más el engranaje del SDG.

Grau había nacido en Tarragona en 1923, pero estaba nacionalizado mexicano y era cercano al presidente Miguel Alemán Valdés. Además, era muy amigo de Mario de la Piedra, que en ese momento era vicepresidente de Televisa. En aquel entonces todo tipo de celebridades y personajes con poder social y político visitaban sus restaurantes, eran el espacio obligado de convivencia. Casa Juan, en la avenida Revolución, era el principal; se trataba del lugar donde uno podía pedir su invento más famoso como chef: la fideuá, una especie de paella preparada con fideos que gozó de una gran popularidad que la haría parte del folclore hispano mexicano en materia de platillos. La fideuá y Casa Juan tuvieron hasta su espectacular por varios años en el Periférico a la altura de Barranca del Muerto. Por otro lado, era también dueño del bar con tablao Bulerías, lugar perfecto para mantener vivo el amor por las tradiciones de su tierra natal. Mario de la Piedra, su gran amigo, era a su vez, copropietario junto con el comunicador y estrella al frente del noticiero matutino de la época, Guillermo Ochoa, del Marrakech, otro lugar obligado de la época, pues ahí se presentaban los más grandes de los grandes: José José, Olga Breeskin... un escenario en verdad relevante.

Pepe y Grau ya habían tenido contacto desde hacía un tiempo. Fue Pepe, por supuesto, quien le presentó a Grau el concepto «Luisito». Le habló de los grandes negocios que podrían hacer juntos, apelando a esa añoranza que el español tenía por la vida flamenca. Los Gallego se encargaron, además, de jugar las mismas cartas de siempre: contrataron reporteros para engrandecerlos. Así como en las llegadas anteriores de Luisito a México se habían «filtrado» imágenes del aeropuerto, avisando la llegada del «gran ídolo flamenco» con su «flamante esposa» y su «hermoso bebé», tras «haber triunfado en el *show* de Ed Sullivan», etcétera (se me acaban las comillas para tanta falsedad). Esta vez podía volverse a armar una buena alharaca con periodistas hablando del regreso «del ídolo Luisito Rey» desde España, y poco tiempo después Grau estaría hasta pagando los mariachis para que Marcella saliera en las fotos de la prensa recibida como la esposa de uno de los más grandes en el aeropuerto.

Los Gallego convencieron a Grau de aliarse. Lo de siempre: ellos harían los *shows*, él recibiría su parte del dinero. No había pierde. Después de todo, Luisito era un virtuoso y su fama estaba consolidada (ajá). En cuanto los Gallego percibieron que el empresario estaba convencido, y hasta encandilado, llegaron las exigencias: también tendría que hacerse cargo de las familias, porque los Gallego nunca viajaban solos, se sabía, sino con parejas, madre, niños, y con ese estilo de vida al que estaban acostumbrados.

El mismo Mario de la Piedra comentaría que «Juan Pascual fue realmente el mecenas de Luis Rey, porque él patrocinó la alimentación, le dio casa… desembolsando 2 600 dólares para ello».

Estas fueron las palabras del andaluz:

Hombre, Juan, no sabes cuánto te agradezco traer a mi familia a México, yo te quiero mucho, eres más grande que mi padre para mí. No tengo con qué pagarte de momento, pero algún día te pagaré con creces.

¿Con creces, Luisito?

La sociedad formada entre Luisito Rey y Grau comenzó viento en popa (como mucho de lo que involucró a Luisito, se fue hundiendo con el tiempo, pero de que empezó bien, empezó bien). Luis Rey contaba con carro y chofer. Le pagaban semanalmente y cada que Pepe pedía dinero, se lo daban. Todo sumaba un aproximado de 25 000 dólares mensuales más extras. Los hijos de Luisito llamaban «tío» a Juan, por conveniencia e instrucción de Luisito y Pepe, nada tontos. Ellos les habían dicho a los niños que literalmente él los cuidaba y mantenía, lo cual era cierto. De este modo, Grau convenía en hacerse de la vista gorda ante las continuas escapadas de los Gallego a República Dominicana, donde conseguían trabajitos por «debajo del agua».

Grau cedió ante todas las exigencias de Luisito. Que si quería departamento, bueno, fueron y encontraron uno en Gabriel Mancera y Parroquia. Luego a Salinas y Rocha a comprar absolutamente todo: refrigerador, cocina, cama, comedor, y el resto del equipo y amueblado del departamento. Cien mil pesos más a la «inversión» de Grau. Por si fuera poco, lo posicionó como artista frecuente del Bulerías, donde tenía su propia mesa y whisky interminable... incluso le consiguió una presentación en el Marrakech.

Y fue en este punto cuando, una vez más, Luisito se volvió Luisito y sacó el cobre. Se enteró de cuánto ganaba José José en el Marrakech por materia de honorarios, y se ofendió muchísimo al descubrir que él cobraba menos. Recordemos que José José era en este momento una figura por todo lo alto. Luisito, por otra parte, era un cantante flamenco venido a menos con UNA sola canción verdaderamente famosa. UNA.

Total, que se montó en su macho (nunca mejor usada esa expresión) y le puso un ultimátum a Grau: o voy con los mismos honorarios, o nada. Incluso se dice que fue en este momento cuando soltó su famosa frase: «Él será el Príncipe de la Canción, pero yo soy Rey». El contrato en el Marrakech se cayó, de nuevo (lamento la constante repetición de esta frase, pero es que así sucedieron las cosas; Luisito derrumbó contrato tras contrato).

A la par de esto, Grau también había organizado que Luisito hiciera una aparición en un evento benéfico y que cantara una de sus canciones. Incluso donó dinero a nombre del artista para decir que había aportado algo, pero el andaluz se negó a ir. A Marcella no le gustó que su marido incumpliera el acuerdo, pero para ese entonces ella ya no tenía influencia alguna sobre Luisito: él era demasiado déspota, especialmente en lo que respectaba a cuestiones de trabajo.

Grau, que aunque era buena onda no era ningún tonto, le pidió que se calmara muchísimo y que reflexionara sobre sus berrinches antes de decir algo de lo que se arrepentiría después. Y es que no puedo dejar de enfatizar en el hecho de que Grau estaba ayudando a Luisito, prácticamente haciéndole el favor de tenerlo en su *show* de Bulerías y ni qué decir del Marrakech.

Por si fuera poco, Grau era testigo de sus excesos y atrocidades. También se conmovía ante el escenario que el andaluz dejaba tras de sí con cada ausencia: Marcella y los niños abandonados en la capital. En uno de los tantos viajes de Luisito, y aprovechando que la familia se encontraba sin la vigilancia del patriarca, Grau acudió a su domicilio para preguntarle a Marcella cómo estaba la situación familiar. Había escuchado rumores de que Luisito ofrecía a Marcella para que otros hombres (sobre todo ejecutivos influyentes, contactos potenciales y socios en la mira) tuvieran relaciones sexuales con ella.

Comenzó otra vez la desesperación del empresario, la misma que sintieron todas las personas que en algún momento se relacionaron con los Gallego. Por un lado, la frustración de ver sus modos, su manera de comportarse y su escaso profesionalismo (sin mencionar su gigantesco ego). Por el otro, su cerebro comercial, que les indicaba que ya habían invertido demasiado en ese producto y que estaban a punto de perderlo todo. Tal vez sea un buen momento para mencionar que, tras su llegada a México, a Luisito le explotó en la cara una demanda por 22 000 pesos de la Asociación Nacional de Actores (ANDA) porque no había pagado sus cuotas, y Grau tuvo que hacerse cargo de solventarla (sí, además de todos los gastos que ya había concedido). El mismo Grau contaría más adelante que pudo ver las mañas de Pepe Gallego desde que su amistad estaba iniciando, ya que varias veces se fue sin pagar la cuenta porque su tarjeta «no servía». Eran claras *red flags*, pero Grau decidió ignorarlas en su momento y siguió promocionando a Luisito.

Al final, igual que les sucedió a todos los empresarios que le echaron la mano a Luisito, la balanza acabó convenciendo a Grau de que estaba perdiendo más de lo que ganaba. Entre su ego, sus irresponsabilidades y vicios, Luisito Rey era una bomba de tiempo, una muy inestable y a punto de explotar. Terminaron relaciones comerciales y de amistad por igual. Para cerrar con broche de oro, Luisito salió de la vida de Grau robándole un par de encendedores finos de oro sólido. Esto aparece retratado en la serie de Netlifx, aunque con algunas variaciones.

ANDRÉS GARCÍA AL RESCATE

El factor indispensable para que, llegado el momento, Luis Rey se convirtiera en el hombre poderoso que siempre soñó ser, fue sin duda Andrés García. Los Gallego sabían que era imposible triunfar sin el respaldo de Televisa y, como siempre habían apostado al todo por el todo, estaban dispuestos a cualquier cosa. Para inicios de los años ochenta, García era un personaje con peso propio, y muy alto, en el medio artístico mexicano y latinoamericano. Había iniciado su carrera a los 25 años en la película *Chanoc*, tras la cual siguieron decenas de películas más.

Pero las bendiciones nunca vienen solas, o, por decirlo de otro modo, para conocer la luz hay que conocer también el lado oscuro. La época de la gran amistad entre Luisito y Andrés García vino aparejada de la presencia de un personaje siniestro. García estaba conectado a niveles que trascendían el espectáculo: era un gran amigo del general Arturo Durazo Moreno, con el que compartía intereses en común. Uno de República Dominicana y otro de Sonora, encontraron la manera de forjar amistad en Acapulco, el referente obligado para la vida desenfadada y *cool*; no había excusa para no estar ahí.

Pero ¿quién era el general Durazo? ¿Por qué el interés específico de llegar a él? ¿Qué tenía de especial? Vaya, no era precisamente productor o representante musical.

¿Entonces? ¿De dónde venía la obsesión, la necesidad de trabar relación con este personaje?

Pepe, que como ya he contado era bastante versado en los asuntos del quién es quién en materia de poderes, sabía perfectamente quién era Durazo y había logrado acercarse y conocerlo. El andaluz se había puesto a la orden (como lo declara el mismo Luisito en la autobioserie) y se ofrecía a hacer «cualquier cosa que fuera necesaria» a cambio de los favores que lo llevaran a obtener fama, poder y fortuna.

Acercarse al general Durazo implicaba la posibilidad de alcanzar la cima del poder y el dinero que tanto habían ansiado, y los escrúpulos nunca fueron una barrera que se interpusiera en las metas de los Gallego.

ARTURO *EL NEGRO* DURAZO

Durazo fue tan relevante que ha sido plasmado varias veces en la cultura popular: le sobreviven una biografía no autorizada que se vendió como pan caliente (*Lo negro del Negro Durazo*, escrito por su jefe de ayudantes), una película basada en el libro y hasta una canción tropical cantada por Chico Che. Es un personaje representativo de una de las etapas más cuestionables en cuanto al uso y el abuso del poder en este país.

Apodado el Negro, Arturo Durazo Moreno nació en Cumpas, Sonora, en 1924. Huyendo de la pobreza y buscando mejores oportunidades, se instaló en la colonia Roma del Distrito Federal y la casualidad lo llevó a vivir cerca de un muchacho mayor que él que se convirtió en su gran amigo: José López Portillo y Pacheco.

Esa amistad fue mérito suficiente para que, al llegar este último a la presidencia de México en 1976, la suerte le sonriera al Negro. Su compadre, y nuevo flamante jefe del Ejecutivo de la Nación, lo mantuvo durante todo su sexenio como cabeza de lo que hoy es la Secretaría de Seguridad Ciudadana de la Ciudad de México, entonces la poderosa Dirección General de Policía y Tránsito del Distrito Federal. Recordemos que en esa época el Distrito Federal era un brazo más de la Presidencia de la República, no existía autonomía real alguna entre estas instancias del gobierno.

Más adelante recibió el nombramiento de general de división. Así nació el general Durazo, aunque no hubiera cursado en ningún momento una carrera militar. Eso sí: había pertenecido a la infame Dirección Federal de Seguridad (DFS), protagonista de las más grandes historias de protección y participación en narcotráfico, abuso de poder, desaparición de personajes como el agente de la DEA Kiki Camarena, y el asesinato de periodistas como Manuel Buendía, todas ellas anécdotas que actualmente pueden verse en las series más populares en *streaming*. También había sido miembro de las Brigadas Blancas (encargadas de la represión a cualquier opositor del gobierno) y otras acciones que van más o menos por la misma categoría.

Ya como general y director de la Dirección General de Policía y Tránsito (DGPyT), su legado es recordado especialmente por la protección a expolicías corruptos para que estos pudieran cometer toda clases de crímenes; la fabricación de delitos en perjuicio de «ciudadanos incómodos», a quienes se les sembraban pruebas para acusarlos y privarlos de su libertad por delitos como lenocinio, narcotráfico, homicidio, robo y violación; la tortura a los detenidos; corrupción; vínculo y protección hacia cárteles del narcotráfico; redes de prostitución y negocios de trata de personas. Múltiples acusaciones de enriquecimiento ilícito marcaron la era del Negro Durazo.

Sin embargo, y esto no sorprenderá a quienes conocen algo de la historia política de México, Durazo fue una superestrella en su momento. Vaya, fue el héroe que resolvió el secuestro de la hermana del presidente de la República, todo muy de película de acción de las de Canal 9. Recibió múltiples reconocimientos, insignias, elogios en la prensa y hasta doctorados *honoris causa* en Derecho. Naturalmente era recibido como toda una celebridad en Palacio Nacional y en Televisa, durante aquel momento en el que aún existía una estrechísima relación entre la televisora que movía a México y el Gobierno de la República.

Luisito Rey supo ver en Andrés García a un potencial aliado, sobre todo a raíz de su amistad y colaboración cercana con Durazo. Y como los Gallego donde ponen el ojo ponen la bala, no dudó en acercarse. La dinámica que aplicó para aproximarse a él fue la misma de siempre, con ligeras variaciones.

Primero fue de manera sutil, velada. Por aquella época, García estaba grabando una película dirigida y coprotagonizada por el actor Pancho Córdova, la cual trataba sobre un grupo de jóvenes inadaptados que se autodestruyen con drogas y pasan el tiempo en orgías y riñas. Tenía escenas filmadas en Miami y representaba un proyecto importante para su carrera. A Luisito se le ocurrió regalarle una canción para la película (la vieja táctica de darse a querer y de prodigar obsequios… y como en ese momento no tenía mucho qué ofrecer, decidió darle una canción). Le compuso la famosa «Soy como quiero ser», que, además, analizándola, es muy representativa de Andrés García (y, por qué no decirlo, también de la impunidad con la que se movían los personajes influyentes como él, sobre todo apadrinados por personajes siniestros como Durazo). La versión que Luisito grabó de esta canción es incluso mejor que la que años más tarde grabaría Luis Miguel. Es una versión flamenca, con esa gala de virtuosidad de guitarrista.

García retomó esta canción para el *soundtrack* de la película. Sin embargo, el filme nunca salió a la luz. Al parecer, el mismo Córdova promovió su prohibición porque

el productor modificó la edición y añadió escenas por-
nográficas.

En fin. Al dominicano lo impresionó Luisito. De hecho,
hace un par de semanas tuve la oportunidad de hablar con
don Andrés con motivo de este libro y hoy, a sus ochenta
años de edad, cuatro décadas después de su intervención
en la vida de los Gallego, dice que platicar con él era impresionante, sabía todo de todo mundo y, sobre todo, era
muy ameno y chistoso. Carismático, en cinco minutos ya
te había ganado; de verdad era tan magnético como todos
los testigos han dicho. Además, aguantaba botella tras botella de whisky, no paraba de tomar durante horas y la
bohemia se volvía eterna y adictiva. Así pues, consideró
la posibilidad de volverse amigo del andaluz.

Pronto, como era de esperarse, sobrevino el drama de
siempre. Que Luisito se había quedado sin casa. Que ni él
ni su adorable esposa y hermosísimos retoños tenían dónde vivir. Estaban colmados de deudas, la vida era muy
difícil bajo esas circunstancias. Luisito incluso hizo el intento de venderle a Andrés un mueble, uno que no habían terminado de pagar. Condolido por el sufrimiento de
su amigo, Andrés le permitió mudarse a una de sus casas,
la vivienda de la privada de San Bernabé, en la capital del
país, que es donde Luis Miguel crecería y forjaría amistades emblemáticas. En esta cerrada vivían Héctor Suárez
Gomis, Roberto Palazuelos, Andrés y Leonardo García…

en fin, los que se convertirán en la minibandita de Luis Miguel, de Miki: Los Vampiros.

En esta privada, las fiestas no paraban. Tenían a su disposición todos los excesos imaginables, nada sorprendente si consideramos el tipo de gente que acudía a las parrandas. Roberto Palazuelos ha declarado que el Negro Durazo les regalaba dólares a Luis Miguel y a todos ellos, sus amigos, además de dejarlos jugar a tirar con metralletas siendo niños de entre 10 y 14 años. Lo llamaban respetuosamente «mi general». No soy quién para juzgar la crianza de nadie, pero ¿WTF, Luisito? ¿Qué clase de padre consiente esto para sus hijos?

Y eso sin mencionar la dinámica de compañerismo y amistad (si se puede llamar así a ese tipo de relaciones de doble agenda que establecía Luisito con los demás) de los adultos. Se sabe que eran bacanales, que las drogas y el alcohol corrían como ríos y que las fiestas terminaban en balazos por diversión y casi que en orgías.

Para ese momento, Marcella ya estaba cada vez más ausente, más hundida en su depresión y en su mundo. Cedía ante todos los caprichos de su marido, pues había entendido a tiempo que él siempre haría su voluntad, que siempre se saldría con la suya («soy como quiero ser, la que quiera que me quiera...»).

Y fue precisamente en esta casa donde Luisito descubrió que su pequeño Miki estaba dejando de ser un niño...

No, no porque se convirtiera en un muchacho (no todavía), sino porque poco a poco iba volviéndose un producto. Un producto que él, con su experiencia y estrategia de negocios, podría explotar hasta el cansancio. Se había topado con la gallina de los huevos de oro.

CAPÍTULO 9

LA GALLINA DE LOS HUEVOS DE ORO: LA SOLUCIÓN A TODOS LOS PROBLEMAS

UN TESORO EN SU PROPIA CASA

En el libro de Javier León Herrera, Jaime Ortiz Pino recuerda una anécdota de 1980 que hoy, a la luz de cómo se desarrollaron los hechos, cuesta trabajo dar por cierta. Pero así fue. Cuenta Ortiz que, en cierta ocasión, estaban reunidos en su casa de Cuernavaca varios amigos y conocidos, gente del medio a la que él consideraba cercanos amigos y colaboradores, como Andrés García. Los Gallego Basteri, por supuesto, estaban ahí. La velada discurría entre gritos de niños, música, bohemia y partidas de dominó. Relata que de un rincón lograba escucharse una vocecita tremendamente afinada, algo espectacular, sorprendente y emocionante. Era el pequeño Luis Miguel, entonando alguna canción que hoy Ortiz ha olvidado. Lo que aún recuerda con claridad es la sensación de arrobamiento que le provocó. Todos los concurrentes se quedaron anonadados y algunos llegaron a comentárselo a Luisito; hasta el mismo Andrés García se lo hizo ver. Luisito no le dio tanta importancia y siguió concentrado en el juego. En palabras de Andrés García en entrevista: se hizo pendejo.

¿Habrán sido celos profesionales o simplemente todavía no alcanzaba a dimensionar cuál sería la dirección que tomaría ese descubrimiento? No se sabe con certeza; pero lo que sí es bien sabido es que algunos meses más tarde, alrededor de un año, Luisito se encargaría de implantar en la mente del pequeño Luis Miguel la idea de que este debería ser cantante, de que ser artista era un sueño posible, que podría llegar a ser tan famoso como Elvis, su ídolo.

Así es. El *inception* mental que Luisito ejecutaba para potenciales socios comerciales y contactos que lo ayudarían a alcanzar la fama, era también un mecanismo efectivo en su propia casa, con su propio hijo. Lo manipuló hasta hacerle creer que esa era su vocación. Le ponía canciones y videos de Elvis, pues sabía que le encantaban. Le repetía que la fama estaba a su alcance y que no habría otro cantante como él.

Por supuesto, el niño se emocionaba más y más, y la relación entre ambos comenzó a moverse hacia una tonalidad más formal, profesional, de negocios y carrera. Durante las horas de práctica (que eran laaaargas, se sabe que Luis Miguel practicaba tardes y noches enteras, lo cual, por cierto, comenzaba a preocupar a Marcella, aunque ella nunca diría nada al respecto), el pequeño Luis Miguel le guardaba total deferencia a su padre. Tal vez era respeto. Seguramente era que estaba totalmente aterrado. Como fuera, el pequeño fue capaz de diferenciar entre el padre y el tutor, entre las horas de ser un niño normal y las de convertirse en ídolo.

En aquella época, Andrés García era un *showman* absoluto que llenaba cualquier teatro, foro, palenque o tarima. La gente pagaba mucho dinero para verlo. Se subía al escenario a contar chistes, porque ni cantaba ni nada. Simplemente era el señor carisma. Tenía muchos contratos para presentaciones, sobre todo en Ciudad Juárez, que en ese momento era algo así como la meca de cierto tipo de artes mexicanas, algo a medias entre el burdel y la compañía teatral de kiosco.

Se cuenta que una noche, ebrio de poder y adrenalina (y seguramente de alcohol y otras sustancias también), con el cuerpo alborotado por el hallazgo que había encontrado en su propia casa, Luisito fue corriendo en la oscuridad como un loco junto con Miki hasta llegar a la casa de García, que lo recibió medio adormilado (puedo imaginármelo como el galán que era en aquel entonces y que sigue siendo, seguramente en bata de seda y pantuflas de piel fina). «Tienes que oír al niño», le decía Luisito a Andrés, y este, que ya había tenido oportunidad de escucharlo en fiestas y reuniones (como esa que te conté hace unas líneas), accedió. Luis Miguel cantó como los verdaderos ángeles. Luisito quería persuadir a su amigo, apelando a sus contactos y a su visión comercial para los negocios, de que le diera una oportunidad a Miki para presentarse en alguno de sus foros de Ciudad Juárez, igual que ya se lo había permitido a él con anterioridad. No obstante, Andrés al principio se negó.

La realidad es que lo había pensado mucho antes de animarse a presentar a Luisito en sus *shows*. ¿Qué tanto pretendía el andaluz? ¿Que lo dejara subir al escenario con su guitarra flamenca a que le aventaran tomates y a que lo abuchearan hasta bajarlo? Mataría a todos de aburrimiento, le decía de broma. La gente lo que quería oír eran chistes. Sin embargo, con el tiempo comenzó a permitirle presentarse en el foro, y la verdad es que el espectáculo tenía buena recepción. Pero llevar a un niño era otra cosa.

—Llévate unas chichonas —le dijo Andrés a Luisito.

—Pero no se trata de mí, sino del niño —respondió el andaluz.

La verdad era que el niño cantaba en un registro de virtuoso nato, era algo que iba más allá del asombro de cualquiera. Eso Andrés García lo sabía (y quizá la euforia y algunas copas lo terminaron de convencer).

—Órale, tráetelo.

Y así fue.

En mi plática con él, le planteé a García la siguiente afirmación: «Desmiéntame si me equivoco, por favor, pero en mi opinión, sin usted no existiría Luis Miguel o no lo conocería nadie». A lo que él me respondió con su sonrisa orgullosa y característica: «Pues algo hay de eso, algo hay de eso. Bueno, la verdad es que tienes razón. Sin mí no habría Luis Miguel».

LA PRESENTACIÓN EN CIUDAD JUÁREZ

Marcella no quería que su pequeño Luis Miguel se presentara en un centro nocturno, y tenía buenos motivos para negarse. Ciudad Juárez era uno de los principales nodos de tráfico de sustancias que se movían a ambos lados de la frontera con El Paso, y en esos años el negocio era descomunal. Además, venía apadrinado y validado, por cierto, por Durazo. No es descabellado asumir que el *show business* ayudaba a disimular una amplia red de narcotráfico en la que varios involucrados, incluido Luisito, actuaban como mulas. Pero para ese entonces la pobre Marcella ya no tenía voz ni voto en la educación de su hijo ni en ningún otro aspecto de su vida familiar.

Finalmente, Luis Miguel se presentó en Ciudad Juárez acompañado en la guitarra por su papá. El espectáculo fue fantástico y el niño recibió aplausos y buenas críticas. Este hecho se podría considerar el «bautizo artístico» de Luismi, pues ahí llamó más la atención el hijo de Luisito Rey que este.

Andrés hizo su parte: contactó al promotor Arnoldo Cabada de la O, quien era un periodista y empresario mexicano iniciador de XHIJ-TV, Canal 44 de Juárez, donde finalmente Luis Miguel debutaría con su famosa interpretación de «La malagueña». Arnoldo Cabada de la O murió en 2021, pero se sabe que hasta el final de su vida estuvo orgulloso de ese episodio.

Es 1981, y tras esos dos sucesos, Luis Rey comenzó su carrera como mánager de su hijo. Fue entonces también cuando se le ocurrió la idea de una elaborada mentira, todo con miras a futuros negocios: decir que su hijo era veracruzano y no boricua. A los mexicanos nos gusta lo mexicano, se sabe. Mintió sobre la identidad de su propio hijo y lo convenció a él de hacer lo mismo, hasta el punto de entrenar al niño para ocultar su acento natural gaditano y adaptarlo a uno que sonara muy mexicano. Los intereses comerciales y de ventas estaban adquiriendo más importancia que la crianza y el bienestar de Luis Miguel, y esto sería una constante que solo empeoraría con el tiempo.

LA BODA DE PAULINA LÓPEZ PORTILLO

Había llegado la hora de capitalizar el hecho de que Luis Miguel ya se hubiera presentado en Ciudad Juárez, tanto en foro con público como en el canal de televisión local. Tenía que dar el siguiente paso. El evento más esperado de la temporada, que estaba en boca de todos, era la boda de Paulina López Portillo, la hija del presidente. Todos los personajes relevantes del momento se reunirían ahí, en un mismo salón de eventos. Era la oportunidad idónea para concretar a Miki como la gran revelación de talento mexicano. ¿Cómo haría Luisito para que Luis Miguel fuera el cantante oficial de la boda de la hija del presidente?

Pues fue precisamente gracias a la amistad que Luisito había entablado (trabajado, sería más apropiado decir) con el Negro Durazo. Les consiguió una cita en Los Pinos ante la primera dama Carmen López Portillo y la futura novia. En la autobioserie aparece retratada otro tipo de estrategia: Luis Miguel nos cuenta que Luisito casi casi empujó a Marcella a los brazos de Durazo como una forma de obtener este y otros favores. En realidad, este manejo ruin y abusivo no nos consta al cien por ciento, pero se ha repetido tanto y se ha avalado por tantas fuentes, incluyendo al mismo hijo de la pareja, que queda espacio para pensar no solo que algo pueda haber de verdad, sino que esta no fue ni la primera ni la última vez que Luisito usó a Marcella como moneda de cambio. Hasta qué punto Marcella accedió o participó en estas transaccciones por voluntad propia o si se resistió, también es algo que no podemos saber del todo.

El jueves antes de la boda de Paulina acudieron a la cita concertada. Luis Miguel interpretó con su melodiosa voz, esa que hasta la fecha enamora audiencias. La joven quedó fascinada con el niño guapo y güero que cantaba como los ángeles y lo contrató.

Una vez concretada la actuación, procedieron a acordar la lista de canciones que el niño cantaría en el gran evento. Se decidieron por «La malagueña» y, como sorpresa, un par de canciones de la autoría de la propia Paulina López Portillo, quien, convencida de que tenía mucho talento, quiso sorprender a su padre con un tema que llevaba por nombre «Papachi». Paulina estaba tan cierta de su talento como cantante y compositora que aún es posible encontrar por allí alguna copia perdida de los acetatos *long play* que grabó con sus canciones.

La boda se llevó a cabo el 29 de mayo de 1981 en el Colegio Militar del Sur del Distrito Federal. El niño Luis Miguel estaba fascinado de ver a tanta gente reconocida y famosa, la crema y nata del poder mexicano. Lo acompañó la orquesta del compositor, arreglista y pianista Bebu Silvetti, y el clima de expectación fue ampliamente superado una vez que su voz privilegiada llenó hasta el último rincón del recinto con esos falsetes y el famosísimo do de pecho de «La malagueña».

Entre los asistentes a la boda, además de gobernantes y empresarios, había un interés muy particular al que Luisito no dejaba de echarle ojo. Era el único personaje al que quería que Luis Miguel deslumbrara con su talento, aunque hoy en día es a Pepe Gallego a quien se le acredita el mérito de fijarse en tal personaje. Se trataba de David Stockling, nada menos que el director general de EMI Capitol en México.

Se dice que Stockling, tras ver a Luismi, le dijo a Luisito algo como esto (es una paráfrasis, aclaro): «Luisito, no me lo puedo creer, tu hijo es una bomba; llamo a Londres mañana mismo para hacernos con la exclusiva y espero no vayas a pedir una fortuna por ella».

Spoiler: obviamente sí la pidió.

La familia Gallego Basteri de inmediato organizó una comida en la Zona Rosa para quedar bien con David. Invitaron a varias personas importantes entre las que se contaban el subdirector de EMI, Miguel Reyes, y el director artístico, Jaime Ortiz Pino; incluso el mismo Cantinflas fue a esa comida en la que se cerró el contrato de Luis Miguel con EMI. Como dato curioso, cabe decir que los encendedores de oro que Luisito le había robado a Juan Pascual Grau terminaron en manos de los directivos de EMI Capitol, en un gesto con el que Luisito Rey destacaba una vez más lo que tan bien le salía: hacer caravana con sombrero ajeno, quedar bien utilizando pertenencias o méritos que no le correspondían.

Así empezó una nueva relación entre Luisito y Luis Miguel. De padre a mánager, de guía a dueño. Luis Miguel le hablaba de Usted y le decía «sí, señor». Luisito Rey poseía el derecho del 40% de las ganancias de lo que empezaba a ganar Luis Miguel en EMI Capitol; no obstante, como tutor, realmente se quedaba con el 100%. Y la historia de excesos y abusos apenas comenzaba.

Cádiz, puerta de Tierra (reducto de la muralla de entrada a la ciudad), entre 1920 y 1950. Lugar de nacimiento de Luisito Rey.

Luisito Rey en 1968. Aquel verano conocería a Marcella en Mar del Plata, dentro de la Confitería París.

Luisito con su banda de acompañamiento en el club La Ronda
del hotel San Jerónimo Hilton, en San Juan, Puerto Rico,
en 1969, poco antes de la notificación de que ha vendido más
de un millón de copias de «Frente a una copa de vino».

Luisito Rey y Marcella Basteri en sus primeros años de matrimonio,
durante la época en la que se desplazaron a Puerto Rico,
donde nacería su primogénito, Luis Miguel (1970).

Portada del álbum *Luisito Rey*, de inicios de la década de los setenta,
dirigido y producido por el empresario Jaime Ortiz Pino
en su faceta de productor musical. Destacan sencillos como
«El lavaplatos», «Marcela» y «Mi religión».

Dibujo para la portada del disco de Luisito Rey,
con su autógrafo (1970). ¿Será que tiene tintes de Picasso?

Luisito Rey, Marcella Basteri y Luis Miguel Gallego Basteri en 1973. Más de una vez se presentaría a Marcella como una famosa modelo, actriz y musa italiana. Era el mejor accesorio de Luisito, y junto con el pequeño Miki, güero y maravillosamente tierno, hacían una familia adorable. Fotografía inédita.

Luisito Rey en 1980, fotografía promocional de la portada
de su disco *Vive... y está aquí.*

Luis Gallego Sánchez y Luis Miguel Gallego Basteri en la boda de Paulina
más esperado de la temporada, todos los personajes relevantes del

López-Portillo Romano y Pascual Ortiz Rubio Downey (1981). Fue el evento momento se reunieron ahí. El debut perfecto para el futuro Sol de México.

Arturo Durazo Moreno, jefe de la Policía del Distrito Federal, en la
década de los ochenta. El Negro Durazo se convertiría
en una pieza fundamental en la historia de Luisito, un aliado
indispensable para alcanzar el éxito tan anhelado en México.

Luis Miguel durante la década de los ochenta. Su atuendo hace
evidente la influencia que Elvis, el Rey del rock and roll,
tuvo en Miki durante sus primeros años como artista.

Luis Miguel y Luisito Rey en 1982 durante la promoción del disco de Luis Miguel, *Un Sol*. El cantante solía decir ante los medios: «Todo lo que soy se lo debo a mi padre, sé que tengo talento, pero sin sus consejos no hubiera llegado adonde estoy. [...] Ha sido importante para mi evolución como persona y como artista, y siempre ha estado a mi lado».

Luis Miguel y Luisito Rey en 1985 celebrando
los éxitos conseguidos. La tensión que para entonces
había empezado a surgir en la dupla se vuelve palpable
en esta imagen: por esas fechas, Luisito le presentó a Luis Miguel
la famosa disyuntiva en la que lo obligó a a elegir entre su vida
profesional y su vida familiar. El Sol escogió la música, su carrera,
que siempre estuvo hasta arriba de su lista de prioridades.

Fotografía inédita de una de las pocas reuniones con la familia italiana.
dos lugares más a la derecha se distingue a un pequeño Alejandro.
abrazado por

De izquierda a derecha, la segunda mujer sentada a la mesa es Marcella,
Junto a él, el abuelo Sergio. Luis Miguel está al frente y al centro,
la tía Adua.

Alejandro, Luis Miguel y Sergio Gallego Basteri, los tres hijos

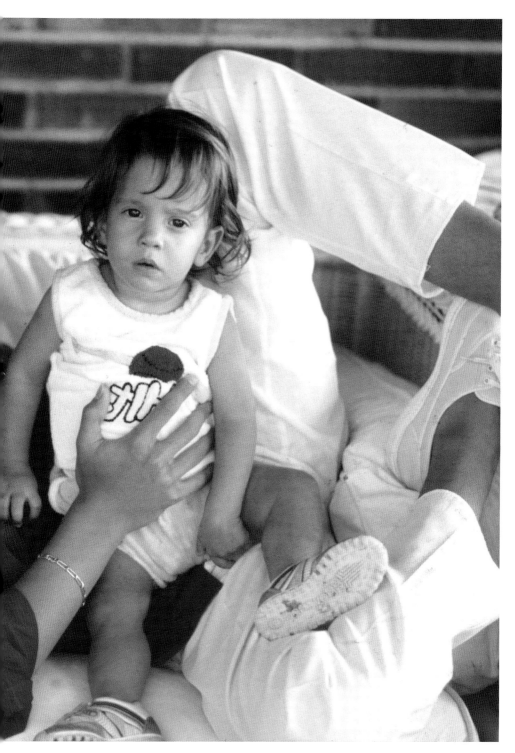

de Luisito Rey, a finales de los años ochenta.

Luis Miguel más de 25 años después de la muerte de su padre.
La fotografía corresponde a un concierto de 2019 en el Colosseum,
del Caesars Palace, en Las Vegas, Nevada.

CAPÍTULO 10

CONTROL TOTAL

Pensar en Luisito Rey al mismo tiempo como papá y como mánager es como el dilema del huevo y la gallina. ¿Qué fue primero? ¿Luisito realmente un día abrió los ojos y descubrió que en su casa habitaba una potencial mina de oro? ¿O será acaso que, desde el inicio, Luisito siempre contempló la posibilidad de tener un hijo estrella y que fue justo eso lo que lo llevó a querer ser padre (lo cual además se alimenta del recuerdo específico del momento en el que lo nombró «como un número uno»)?

Luisito era mánager, pero más que eso, también era dueño de la vida de su hijo. Hasta los 18 años, Luis Miguel no tuvo acceso a dinero ni a ninguno de los mecanismos naturales de una vida común y corriente. No sabía cuánto pagar por un chicle, no sabía cómo pedir una pizza por teléfono. Cuando quiso tener una tarjeta de crédito, le pidió ayuda a su contador, Armando Serna. Luisito, al enterarse de que él lo había ayudado, casi lo mató. Rosy, publicista de Luis Miguel y esposa de Serna, siempre pensó que a Armando lo había matado o al menos había precipitado en su muerte el nivel de tensión que vivía bajo la férula de Luis Rey.

La conciencia de que su hijo tenía todo lo que él no, y que por lo tanto podría alcanzar la fama que él nunca consiguió, se le presentó a Luisito como una ambivalencia. Por un lado, sí, claro, Luis Miguel era una mina de oro que terminaría de una vez por todas con los problemas financieros de la familia. Por el otro, lo envidiaba, y en el fondo lo resentía. Quizás incluso, sumándole la sospecha de que su paternidad a lo mejor ni siquiera era tal, y que Luis Miguel era hijo de otro hombre, se sintió con derecho de tomar venganza o por lo menos libre de responsabilidades.

Pero Luis Miguel era un niño, y a Luisito le correspondía cuidarlo. Cosa que no hizo.

Para mover su carrera hacia la dirección que él quería, lo puso a trabajar durísimo. Apenas tenía 11 años cuando debutó en los foros y en la televisión de Ciudad Juárez. Desde ahí todo fue cuesta arriba (para Luis Miguel, que tuvo que trabajar como loco) y a paso acelerado. Lo tenía ensayando seis horas al día. Fue modelando su voz para que, de ser simplemente un prodigio de la naturaleza, se convirtiera en el mismísimo canto de los ángeles. La carrera del cantante no se detendría, Luisito estaba ansioso por ascender hasta alcanzar la cima.

Miki se convirtió en un producto. Lo primero fue nombrarlo, igual que a una marca, y conseguirle un eslogan. Darlo a conocer con un mote pegajoso e impactante era indispensable. Se manejaron propuestas como «La Luz de Cádiz», porque, pues, era güerito y tenía orígenes españoles. Sin embargo, Luisito conocía mejor de lo que podría pensarse qué era lo que podía ayudar a concretar la imagen del niño cantante, el nuevo pequeño ídolo en ciernes. Su instinto para los negocios le indicó otro camino: era mejor que el niño apareciera como mexicano. Llamarlo «El Sol de México» funcionaba a muchísimos niveles. Transmitía luz en tiempos difíciles, lo ponía como el astro rey (qué obsesión con la realeza, hombre), y era compatible con el tono rubio de la cabellera de un niño, que en un país como México llamaba tanto la atención. Había un solo impedimento, pero vaya, qué más da, si era un detallito: nadie tenía por qué enterarse de que El Sol de México no era mexicano. No es como que fuera necesario darle explicaciones a nadie, o que fuera la primera vez que Luisito sostenía como verdad absoluta una historia falsa. Al final el nombre estuvo tan bien elegido que se le quedaría para todos los años por venir. Hasta en sus momentos más oscuros, decir «El Sol» ha sido decir «Luis Miguel» en el contexto de la música pop iberoamericana.

Luisito estaba seguro de que tenía un Elvis Presley en las manos. Lo peor es que era verdad. Supo manejar ese producto al que consideraba su propiedad. Además, en su cabeza esto tampoco resultaba tan raro, pues los inicios del propio Luisito en el medio ocurrieron a edad muy temprana. Se decía a sí mismo algo como: «Si yo estoy en bares desde los seis años, ¿qué no podrá hacer este nene, que además tuvo todas las facilidades del mundo?».

TÚ SIN MÍ NO ERES NADA

Luisito era déspota como padre y lo sería aún más como mánager. Le gustaba dominar a Luis Miguel, humillarlo públicamente, hacer gala del poder que ostentaba sobre él. Testigos de aquella época han afirmado que Luis Miguel era un niño especialmente bueno, muy dulce, tierno y sumiso. En eso se parecía a su mamá, mucho más que a su papá, pues nunca se rebelaba ante él; más bien, se refugiaba y buscaba constantemente su aprobación. Habría hecho cualquier cosa por complacerlo.

Jaime Sánchez Rosaldo, quien fuera mánager de Lucerito durante la época en la que la cantante grabó *Fiebre de amor* al lado de Luis Miguel, me hizo el favor de platicar conmigo y contarme cómo a Luis Miguel le tomaba dos horas más que a Lucerito grabar sus escenas, pues Luisito se tardaba gritándole cosas horribles. «¿No te da vergüenza que la niña se dé cuenta de que no eres lo suficientemente bueno?», «El verdadero músico soy yo», «Tú sin mí no eres nada», «El patrón soy yo», y otras bellezas de ese tipo.

Aunque, claro, solo se comportaba así ante muy pocos testigos, porque el resto del tiempo, para guardar apariencias, decía otro tipo de cosas muy distintas, aunque fuera solo de dientes para afuera: «Me siento más feliz de Luis Miguel como hijo que como artista».

Otra evidencia que suma al amplio catálogo del maltrato son las entrevistas de la época. Podemos ver a Miki como un niño casi temeroso. Se nota a leguas que Luisito Rey se encargaba de callarlo, domarlo para que no dijera nada indebido.

Dominar para educar, ese sería el lema del déspota Luisito. Pero solo tras bambalinas, pues a la par de la dominación estaba la hipocresía. Luis Miguel lograría lo que él no pudo, y para muestra un botón: *Siempre en domingo*, el famoso *magazine* conducido por Raúl Velasco, productor y presentador mexicano de televisión que condujo durante 28 años el afamado programa de entretenimiento y música donde se presentaban artistas consagrados y nuevos. Este *show* era un verdadero fenómeno sociológico nacional y ser invitado significaba un gran privilegio. Tras la boda y el contrato con EMI, el debut de Luis Miguel en el programa fue verdaderamente memorable, y representó un gran logro para su carrera.

El propio Luisito tuvo la oportunidad de presentarse en *Siempre en domingo* con su ultrasobada «Frente a una copa de vino». Esto ocurrió durante la época en la que su carrera había sido manejada por Grau, entonces amigo de

Mario de la Piedra, vicepresidente de Televisa. Con un empujoncito, lograron que Luisito apareciera en el programa artístico número uno de México. El mismo Raúl Velasco ofreció su testimonio alguna vez: «A Luis Rey lo consolidamos como artista en *Siempre en domingo*, todo mundo cantaba "Frente a una copa de vino"».

Años más tarde, el mismo Velasco comentó lo siguiente a propósito de esa época:

> Cuando comenzamos a transmitir nuestro programa *Siempre en domingo*, Luis Rey cantaba... bien —aquí hizo una discreta seña con la mano que usualmente significa más o menos—. Eh, tenía buenas composiciones... pero realmente solo tenía un éxito, «Frente a una copa de vino». Años después, quién nos iba a decir que nos iba a traer a la gran figura que era su hijo Luis Miguel.

Muy pronto, *Siempre en domingo* se convertiría en una segunda casa para Miki, quien era un *hit* adondequiera que fuera.

Mientras tanto, Luisito decidió ponerle atención a la parte física de Luis Miguel. El niño era lindo, sí, pero estaba a punto de entrar a la adolescencia, y sería en ese momento cuando todo podría estancarse... o ascender en línea directa hacia la cima. Menudo, la icónica *boyband* puertorriqueña, era la prueba de que un talento juvenil podía desbordar masas. Las chicas se volvían locas, abarrotaban los teatros y compraban absolutamente todos los productos que ellos ofrecieran. Era el momento idóneo para que Luis Miguel obtuviera el mismo efecto; a fin de cuentas, tenía todo para lograrlo: la voz, el físico, el mánager déspota que no descansaría hasta verlo encumbrado…

LA PRIMERA QUE PUSO A MIL SU CORAZÓN

Poco a poco, Luisito fue moldeando a Luis Miguel hasta convertirlo en un símbolo sexual. Y lo estaba consiguiendo. Lo envió a recibir entrenamiento con un *coach* de estilo militar en Los Ángeles, donde le modelaron el cuerpo para convertirlo en ese torso apolíneo que todas vimos en pantalla algunos años después.

Entonces fue todavía más lejos con todo el asunto de la hipersexualización. Animó al cantante (por no decir empujó, presionó, manipuló, ¿obligó?) a que perdiera su virginidad a los 13 años, todo con tal de formarlo en las artes de «ser un hombre» y volverlo un conquistador seguro y desenvuelto, como él mismo había sido (o como creía que era).

Se sabe que entre Luisito y el tío Vicente Gallego urdieron la famosa noche en la que Luis Miguel se estrenó como amante. La mujer seleccionada fue María, quien trabajaba en la EMI Capitol Records de Brasil. Las especificaciones que se le dieron en aquel momento fueron que se comportara de manera suave y delicada durante la primera relación sexual del joven. Prepararon una habitación en el hotel donde estaban hospedados. No escatimaron en champaña, flores, canapés y toda la cosa, tal y como lo hemos visto en películas (suena saxofón de música ambiental).

Pero, a continuación, el *plot twist* que se convertiría en la constante en este tipo de eventos. Algo que la primera vez que lo escucha cualquier persona normal puede y debe sonar totalmente inaceptable, pero que, una vez más, encaja a la perfección con el proceder de los integrantes del clan Gallego.

Resulta que el primero en seducir a la muchacha fue el tío. María llegó puntual a la cita y se tomó unas copas en el bar del hotel con él. La habitación de Luismi y de su tío estaban conectadas, entonces, mientras la pareja subía, Luis Miguel entró al cuarto quejándose de dolor de estómago y le pidió a su tío una pastilla. Este fue por la pastilla de mala gana y, cuando se quedaron solos, la chica desempeñó el papel para el cual había sido contratada.

Si bien se supone que el tío no se acostó con ella, sino que únicamente le invitó algunas copas en el bar del hotel, con el tiempo irían saliendo a la luz las evidencias de que los adultos a cargo de Luis Miguel (su padre y sus demás tíos Gallego) adquirirían la costumbre de ser los primeros en «probar» a las muchachas que mostraban interés en El Sol. Algo así como el derecho de pernada, que es como se conocía al derecho que ostentaban reyes y nobles de mantener relaciones sexuales con cualquier doncella y sierva de sus territorios antes de que estas pudieran estar por primera vez con sus esposos. Así, los Gallego regenteaban la sexualidad de Luis Miguel, y Luisito Rey obtenía derechos sexuales sobre las muchachas interesadas en Luismi. El andaluz decía que únicamente estaba protegiendo al niño, que se encargaba de filtrar enfermedades, por así decirlo. Toda esta información fue confirmada tiempo después por la actriz y vedete mexicana Abril Campillo, prácticamente la última pareja «de planta» de Luisito Rey, quien confesó abiertamente que el único motivo por el cual estableció una relación con él fue porque buscaba acercarse a su hijo.

Chicas como Isabel Lascurain de Pandora, amigas de buena fe y de costumbres menos «abiertas», salieron huyendo a toda velocidad ante la perspectiva de tener que pasar por la cama de Luisito si querían acercarse a Miki.

Se sabe que Luis Miguel y María hicieron «lo que tenían que hacer», y que cuando Luisito y su hermano vieron que se tardaban varias horas y no salían, fueron a tocar al cuarto del hotel. Los recibió Luis Miguel recién bañado, y entonces supieron que la misión había sido concretada. Así comenzó una larga lista de seducciones y abusos de orden sexual, donde muchas mujeres resultaron afectadas (una cosa es querer acostarte con Luis Miguel y otra muy distinta tener que pagar una cuota acostándote con el impresentable de metro cincuenta).

Sin embargo, la transición de Luis Miguel de niño normal a símbolo sexual no comenzó con su adolescencia. Luisito Rey lo había estado preparando por años. En Italia, en su primer viaje a presentarse en Viña del Mar, las revistas de aquel país le tomaron al muchacho de 14 años fotografías literalmente solo en trusa. Fotografías que el día de hoy resultarían incómodas de ver para cualquiera con conciencia del respeto que merece la intimidad y el cuerpo de un menor. Era un *sex symbol* que además cantaba excelente: la fórmula no tenía manera de fallar.

Recordemos que Luis Rey le fue implantando a Miki desde su primera infancia el gusto y la admiración por Elvis Presley. Luis Miguel auténticamente se convirtió en fanático suyo y lo imitaba. Hacía presentaciones caseras en las que se subía a la mesa y hacía que todos lo oyeran cantar los *hits* del Rey del rock and roll. A la par que le mostraba los videos, Luisito le explicaba de manera muy natural cómo funcionaba el éxito, y cómo el deseo viene de ida y vuelta. Para Elvis era igual de importante el aspecto musical que el ser un *sex symbol*. Uno y otro iban interconectados; entre más deseado, más vendía y mejor se posicionaba. Esto era precisamente lo que Luisito quería para Luis Miguel.

Curiosamente, estos momentos serían los que el cantante más atesoraría en el futuro: genuinos instantes de convivencia entre padre e hijo, en los que él disfrutaba cada detalle musical. Debatían acerca de la voz de Elvis, el impacto de cada movimiento, qué cosas lo había convertido en el Rey (como él mismo sería). Luisito Rey era el maestro, el conocedor, y Luis Miguel el alumno obediente.

EL SOL BRILLA CON LUZ PROPIA

Luisito Rey era un tiburón para los negocios, eso se sabe con certeza. Sin embargo, su ambición era demasiado grande y a veces llegó a cegarlo. Quizás el ejemplo más claro sea lo que respecta a la madurez (física, biológica, emocional) de Luis Miguel. Luisito no supo ver que, aunque los cuerpos se pueden moldear, y en gran parte las mentalidades también, no hay manera de frenar el paso del tiempo. Luis Miguel crecía y se desarrollaba, sus hormonas trabajaban impulsando una rebeldía clásica de los adolescentes, aunque en versión exponenciada, puesto que él tenía muchos intereses sumados a lo que se consideraría una juventud normal. Su vida estaba atravesada por los negocios, la fama, la prensa… además de su familia, las chicas, los amigos. El adulto en el que estaba a punto de convertirse comenzaba a manifestarse. En una presentación con Menudo en Puerto Rico, testigos escucharon a Luis Miguel reclamándole a su padre que aprovechara sus *shows* para estar con otras mujeres y engañar a su madre. Ya no era un niño inocente.

Otro disgusto tuvo que ver con la participación en películas. Luis Miguel detestaba actuar, pero para Luisito Rey hacer cine no era sino otra manera natural de hacer crecer el negocio y la industria que ya era su hijo. Era una forma obvia y usual de explotar el producto musical exitoso. Joselito había hecho películas, lo mismo Elvis, Raphael, Frank Sinatra… El mismo Luisito Rey no hizo más películas solo porque no despertó más interés. Pero el atractivo físico de su hijo podía ser aún más productivo de lo que ya era. Solo logró hacerlo actuar en un par de películas de dudoso valor artístico (pero que hoy son material básico para memes de lo hermosamente ridículas que son, y el que no lo crea que grite «¡mi pieeeeeeernaaa!» a toda voz) y algunos comerciales. Sin embargo, nunca quitó el dedo del renglón.

Por aquellas épocas, el médico recomendó encarecidamente que El Sol dejara de cantar. Su voz estaba cambiando y esa madurez vocal debería transcurrir de manera orgánica, sin forzarla. Lo del cambio de registro, por cierto, era una cosa que tenía aterrado a Luisito (¿a quién podría darle miedo que su hijo pase por un proceso completamente natural e incluso deseable?), pero el miedo era fundado: ¿y si perdía la entonación y su habilidad para cantar? El médico insistió, pero Luisito insistió también… en ignorarlo. Con tal de llenar el espacio vacío que se había generado de manera natural debido a lo anterior, y tras los ruegos de su hijo (quien siempre quiso cantar géneros más acercados al rock y al R&B), Luisito permitió que se publicara una compilación de esas que permiten hacer dinero más por la fama del artista que por la calidad del producto: el disco *También es rock*, una colección de *covers* semiproducida y muy poco homogénea, de baja calidad. Su cambio de registro se hizo evidente a cada nota.

SEXO, DROGAS Y POP

Las adicciones de Luisito Rey a las sustancias ilegales estaban a la orden del día y eran conocidas por todos. La cosa es que el asunto iba más allá del consumo personal de dichas sustancias. Desde aquellas épocas de los negocios en la frontera entre Juárez y El Paso se sabía que el andaluz era algo así como el *dealer* no oficial pero identificado y buscado por muchos en los pasillos de Televisa. Esta información fue confirmada por varias fuentes que prefieren no ser nombradas, pero que simplemente están reafirmando el secreto a voces, del mismo modo en que se sabe que esta función y negocio paralelo de Luisito Rey, en efecto, afianzó la relación que tenía con el Negro Durazo. No olvidemos que desde el principio el clan Gallego había dejado claro que estaban dispuestos a apoyar y participar en todo lo que el general considerase pertinente y fuese un medio para hacerse de los ansiados dinero, poder y fortuna.

Pero las cosas de adultos son de adultos. Una adicción, una conducta inaceptable o indebida o ilegal… Bah, qué más da, si cada quien tiene libre albedrío. El problema comienza cuando estas conductas se extienden hacia aquellos que aún no han desarrollado un criterio lo suficientemente robusto como para tomar sus propias decisiones. Estoy hablando de los niños, en especial de Luis Miguel. Por los pasillos de Televisa se rumoraba que Luisito Rey no solo le permitía, sino que lo alentaba a consumir cocaína para aguantar el ritmo de los conciertos y las giras. Casi casi que lo consideraba como medicina (como de hecho se le consideraba a inicios del siglo XX). A Luisito Rey no le molestaban los excesos de Luis Miguel siempre y cuando fuese él mismo el que los controlase. Deseos propios, intereses personales del cantante… eso ni pensarlo.

Ahora bien, es importante destacar que gran parte de las personas cercanas a ambos en esa época afirman haber visto a Luisito consumir muchas veces, pero no así a Luis Miguel. Naturalmente, en caso de que ese consumo existiera, sería muy bien cubierto; no obstante, no deja de ser interesante que no haya un solo testimonio de alguien cercano a Luis Miguel, que no sea alguno de los no muy confiables integrantes del clan Gallego, que confirme que Luis Rey le diera cocaína a su hijo para mantenerlo trabajando. En cambio, sí existen diversos testimonios de la administración de efedrina, lo cual tampoco es nada bueno y sigue siendo digno de mención.

Una más de las ambivalencias o francas contradicciones de Luisito como mánager de Luis Miguel sería en lo referente a las relaciones sentimentales del cantante. Por un lado, el padre/mánager lo alentaba a la práctica de la promiscuidad sexual, con la intención (medio rancia tu idea, Luisito, pero bueno) de «hacerlo hombrecito» y que esto repercutiera positivamente en su desempeño profesional (hasta creía el muy docto que esto ayudaría a que madurara más rápido la voz de Miki). Sin embargo, de manera paralela, el mismo Luisito se encargaría de bloquear todos los intentos de El Sol por establecer relaciones sanas y estables con alguien (bueno, todo lo sanas que pueden ser las relaciones de pareja entabladas dentro del contexto de la locura natural de la adolescencia, con las hormonas a tope y no necesariamente en función del éxito comercial).

Para Luisito, Luis Miguel tenía que mantenerse solo; no célibe (qué horror), pero sí libre de las ataduras que pudiera generar el enamorarse y apegarse a alguien. Nada que tuviera que ver con las emociones y el corazón. El cuerpo era un campo de juegos. Comienza entonces la era de *Luis Miguel '87*, el mismísimo Luismi que todos conocimos y del que nos enamoramos. Su melena, su mirada, todo comenzaba a estar delineado para convertirlo en un símbolo sexual. Ya en '87 podemos verlo como un verdadero adonis mexicano, un torso dorado hecho a modo y

los movimientos de cadera que embarazaron psicológicamente a más de media América Latina.

Fue por esa época que Luis Miguel conoció a Mariana
Yazbek, quien sería quizá su primer amor, o por lo menos
su primera pareja «en serio». En la serie esta etapa aparece muy bien retratada. Mariana era unos años mayor que
Luis Miguel, una chava más madura, y la pareja se quería
mucho. Pero Luisito se encargó de separarlos, convencido
de que a su hijo lo que le convenía era proyectar una eterna soltería, para que las fans lo creyeran disponible emo-
cionalmente y se permitieran soñar con él (y comprar más
discos y más boletos de conciertos, obviamente). Nada
nuevo bajo el sol (sin implicar juego de palabras alguno),
lo mismo habían hecho con John Lennon y cada uno de los
Beatles y se ha seguido haciendo por años con todos los artistas que logran poner niñas histéricas a gritar. Se sabe
que la fórmula retro era mostrarlos como eternos solteros
para que las fans creyéramos que teníamos chance de que
un día fueran el amor de nuestra vida. Aún no existía el
avance mental para entender algo como lo que sucede hoy
con Ricky Martin. El que tenga hordas de fans no depende
de su «disponibilidad», pues la mayoría ya sabemos que
no tenemos chance y podemos estar bien con eso y seguir
admirando al artista. En fin. Cosas en las que Luisito sí era
muy tradicional.

En 1988, Yazbek organizó una fiesta para el cumpleaños de su novio, pero el papá secuestró la fiesta e invitó a

un montón de gente que ni al caso (dándoles una relevancia igual a cero a las decisiones de la novia de su hijo, demostrándole así lo poco que le importaba). Al llegar a la fiesta, Yazbek encontró a un Luis Miguel superdeprimido y encerrado en un cuarto. Se terminaron yendo a otra casa a festejar y allí El Sol cambió su aspecto y comenzó a pasársela más a gusto. En el fondo, el impulso vital de Miki era el correspondiente a cualquier muchacho de su edad: quería pertenecer y sentirse querido por amigos.

También por estas fechas el cantante mantuvo una amistad cercana con las chicas del grupo Pandora. Se sabe que iban al cine a escondidas, esperaban a que las luces se apagaran para que nadie pudiera reconocerlos y se daban la oportunidad de vivir por un rato una vida normal de adolescentes: comer palomitas, reír, platicar, esas cosas. Pero Luisito Rey consideraba esto una absoluta pérdida tiempo. ¿Cine? Deberías estar ensayando, Miki.

Otra persona cercana de su círculo social era Yuri. La cantante veracruzana recuerda con gran cariño al Luis Miguel de aquella época, cuando decidió casarse. La familia de Yuri se oponía a la unión. Algo que hay que saber es que Yuri también vivió la historia de ser prácticamente una niña cuando empezó a cantar y ser manejada por una madre profundamente dominante. De nuevo, padres de menores artistas que detestan perder el poder sobre la vida de sus productos, digo, de sus hijos. Se enamoró del hijo de Maxine Woodside, Fernando Iriarte. Aquí es donde Luis

Miguel entró en el juego: comportándose como un verdadero gran amigo, la ayudó a salirse a escondidas en medio de una entrega de premios TVyNovelas para poder casarse con él.

Por desgracia, las parejas sentimentales no fueron las únicas figuras femeninas que Luisito le negó a Luis Miguel. Su egolatría lo tenía perpetuamente convencido de que él, y solo él, sabía lo que era mejor para su carrera. Luisito quería al ídolo para él solo.

CAPÍTULO 11

¿DÓNDE ESTÁ MAMÁ, PAPÁ? LA DESAPARICIÓN DE MARCELLA

Cuando Luis Miguel comenzó su carrera artística a la edad de 11 años, Marcella fue la primera en oponer resistencia. Tenía dudas. No quería para su retoño el tipo de vida que llevaba su esposo, con el que peleaba continuamente. Esto, por supuesto, no le gustó a Luisito Rey, que había encontrado en Miki una mina de oro, y porque, además, le gustaba que las cosas se hicieran como él decía.

Una vez más Marcella dejó que Luisito hiciera su voluntad. Vio a su hijo hacerse famoso y, como consecuencia, perdió casi por completo el contacto con él. De nuevo le tocaba la posición de simple espectadora. Desde inicios de los ochenta, cuando Luis Miguel era apenas un niño, hasta mediados de esa misma década, cuando ya era un cantante consagrado y estaba a punto de convertirse en el máximo *sex symbol* mexicano, Marcella había sido relegada cada vez más. Llegó al punto de convertirse en una sombra en la vida de su hijo mayor, quien ya se había consolidado como el gran ídolo pop del momento para la música latina. Aquella vida de giras y presentaciones lo había alejado de su mamá. La presencia de Marcella en la vida del ídolo estaba más que disminuida.

A mediados de los ochenta, tuvo lugar una reunión de la familia nuclear Gallego Basteri con la familia materna en La Toscana. Marcella se ofreció a conseguir una casa en México para la familia de su papá con tal de que estuvieran más cerca y poder verlos con más frecuencia, pero ellos no accedieron. Sergio Basteri ni por error se hubiera venido a vivir acá. Al paso de los años no había hecho sino confirmar sus sospechas inciales de que Luisito Rey era un problema. Recalcó que no quería nada de su dinero y lo culpaba por el deterioro de su hija.

La estadía en Italia estaba planeada para dos semanas, pero se terminaron yendo al tercer día por la mala relación que llevaban suegro y yerno. Marcella se encontraba sumamente aislada, y ya ni con su familia originaria podía sentirse a salvo. Su vida se había convertido en un anexo a la de Luisito y estaba por completo a su merced. Para empeorar las cosas, Luisito había comenzado a alejar a Luis Miguel de su madre definitivamente, quien ya para entonces era un satélite sin voz ni voto.

SERGUIÑO Y EL ALEJAMIENTO DEFINITIVO
DE MARCELLA

Para Marcella, la situación no puede ser más complicada. Según testimonios de gente cercana como el Doc, Octavio Foncerrada, incondicional de la familia y de quien te hablaré a detalle más adelante, Sergio fue concebido durante un viaje a Los Cabos como un último intento de reconciliación. Poca idea tendría el Doc de que esa concepción, de la que tanto Luis Rey como Marcella le contaron, cada quién por su lado, llevaría al nacimiento de un niño que sería más hijo de Octavio que de nadie.

Muchas teorías han surgido alrededor de su gestación, y sin prueba de ADN es prácticamente imposible adivinar lo que en realidad sucedió. Los rumores apuntan en mil direcciones, una de las cuales (de las más difundidas, especialmente por Claudia de Icaza, periodista que en 1994 publicó una biografía no autorizada de Luis Miguel y quien actualmente publica información al respecto del artista en su propio canal de YouTube) afirma que Sergio en realidad es hijo biológico del Negro Durazo. No tenemos manera de saber esto, nadie la tiene. Lo que sí es un hecho es que fue en esta época cuando la presencia del Doc Foncerrada, quien fuera el médico de la familia desde que Luis Miguel era un niño, cobró gran relevancia. (Como nota al margen, también mencionaré que el papel que le asignaron en la serie de Netflix se quedó no solo corto, sino que fue hasta injusto). El Doc fue la niñera, la madre sustituta de los niños Gallego, especialmente de Sergio. Entre él y el actor Paco Ibañez (favor de ver *La risa en vacaciones*, la dos o la ocho, la que sea, e identificar al más alto de los tres bromistas; sí, es ese Paco Ibáñez del que hablo) se encargaron de llevar a Marcella a parir al hospital en el DF, pues Sergio nació prematuro (de seis meses), en enero de 1984.

Para ese entonces, Luisito ya estaba concentrado únicamente en hacer crecer su producto: la carrera de Luis Miguel. A Sergio ni lo peló. Le importaba tan poco que no tuvo empacho en aceptar que se llamara como aquel suegro que nunca había terminado por aceptarlo y al que detestaba. «Sergio es hijo de su mamá», esta es la declaración tajante que el Doc ha hecho en varias ocasiones.

Luisito relegó completamente a Marcella a hacerse cargo del bebé, y así mató dos pájaros de un tiro: tuvo quien se ocupara de él y la alejó aún más de Luis Miguel. Ella nunca había podido opinar sobre su carrera, pero a estas alturas ya ni siquiera tenía injerencia en su vida.

En 1985, para el cumpleaños 15 de Luis Miguel, la casa de los Gallego Basteri estaba retacada de periodistas y gente del medio. Los testigos aseguran que Luis Rey se jactaba de la gira que su hijo haría próximamente: Sudamérica, Francia y Japón. El mundo giraba alrededor del producto y su operador.

A finales de ese año, se constató la ruptura definitiva de Marcella con Luisito. Ella huyó con Sergio de regreso a Italia, donde sus familiares se asustaron al verla tan cambiada, sumida en una profunda tristeza, muy flaca, fumando sin parar y bebiendo mucho alcohol. No dejaba de llorar.

Es por esas fechas también que Luisito le presentó a Luis Miguel la famosa disyuntiva que vimos en la serie y que de hecho sí ocurrió en la vida real, cuando el mánager/padre/tirano obligó a Miki a elegir entre su vida profesional y su vida familiar. Luisito Rey representaba para él la consagración de su carrera, mientras que Marcella, aunque era la personificación de la bondad y el amor maternal, también simbolizaba el estancamiento. Para Luis Miguel la decisión no fue fácil; de hecho, le rompió el corazón. Pero Luisito Rey lo obligó a elegir y él obedeció. No podía ser de otro modo, años de despotismo paterno lo habían orillado a eso.

El Sol escogió la música, su carrera, y con eso la suerte de Marcella quedó sellada: había sido completamente borrada. Regresó un tiempo a México, donde Luis logró que firmara algunos papeles cediendo control de sus bienes (no todos, tal vez para terminar de trazar el destino fatal de la italiana), pues Marcella actuaba como prestanombres para muchos de los negocios de Luisito. Al final, huyó de nuevo a Italia con el pequeño Sergio.

De aquellos años data una carta en la que Marcella le cuenta a su padre que Luis quería «formalizar» la separación y que estaba usando a sus hijos como chantaje. En otra carta, Luisito Rey le hace saber que él acaba de comprar una casa en Los Ángeles y que podía donársela gustoso para que se fuera con sus dos hijos menores, Alex y Sergio, pero que de Miki se hacía cargo él. Una vez más, la evidencia de que el único interés de Luisito era Luis Miguel. No Miki, sino Luis Miguel: el producto, su gallina de los huevos de oro. Pero esta gallina estaba a punto de retirarle la palabra.

¿ES DIFÍCIL SER LA MAMÁ DE LUIS MIGUEL?

En marzo de 1985, en Argentina, Luis Miguel estaba concentrado en su camerino del Luna Park. Faltaba muy poco para subir al escenario. No veía a su mamá desde hacía cuatro meses, cuando filmó su segunda película, *Fiebre de amor*. Había ido de gira por Chile y Argentina, grabado un disco en italiano (*Collezione Privata*) y comenzado su gira Palabra de Honor. Pero se sentía solo. La extrañaba.

Marcella apareció vestida de blanco. Los testigos dicen que madre e hijo se abrazaron y lloraron. Un periodista le preguntó si era difícil ser la madre de Luis Miguel.

«No, para mí no», dijo ella.

Un mes antes, Luis Miguel había ganado la Antorcha de Plata en el Festival de Viña del Mar y un premio Grammy. Pero Marcella no lo había acompañado. ¿Por qué? La respuesta tiene nombre propio: Luisito Rey. Él se había encargado de rezagarla más y más, hasta alejarla por completo de la vida del cantante. Y madre e hijo habían terminado distanciándose, a pesar del dolor de ambos.

Pero ese día del Luna Park, Luis Miguel la invitó a subir al escenario y le cantó, vaya paradoja, la canción escrita por el propio Luisito Rey, «Marcela»: una canción sencilla y bella sobre un amor sincero.

Fue la última vez que la vería.

LOS ÚLTIMOS DÍAS EN ITALIA

En 1986, Marcella se armó de valor y por fin decidió dejar a Luisito y quedarse en Italia. Empezó a mejorar físicamente, a sentirse más fuerte. Estaba decidida a no volver y hacer valer la ventaja que ahora le daba el nunca haber estado legalmente casada con él. Por supuesto, era un claroscuro, como todo lo relacionado con Luisito. Por un lado, ella sabía que, al no estar casados, él era capaz de dejarla a ella y a sus hijos sin nada. Pero también le daba cierta libertad, la posibilidad de un nuevo comienzo sin pasar por un divorcio y una ventaja importante con respecto a los bienes puestos a su nombre por un Luisito que asumió que siempre la tendría a sus pies.

Pero, conforme se empoderaba, también aumentaba su miedo. Constantemente les decía a sus parientes que ella sabía que era un estorbo para los Gallego. Tras tantos años de utilizarla como prestanombres, Luisito Rey la necesitaría si quería disponer del dinero, no había de otra. No la dejarían libre tan fácil. Ella lo sabía.

Más de una vez, Marcella manifestó su miedo de que alguno de los Gallego le hiciera algo, y no le faltaba razón: a su casa en Italia llegaron a aparecer personas extrañas, intimidantes, amenazándola si no volvía (¿algún cercano a los Gallego?, ¿alguien contratado por ellos?, ¿meras coincidencias? A estas alturas tenía tanto miedo que cualquier indicio podría asustarla).

Para ese entonces Luisito ya se había encargado de esparcir el rumor de que Marcella lo engañaba, que tenía otras parejas (plural) entre los que figuraba un mafioso italiano. Se sabe que, en un evento del Centro Libanés de la capital, al que acudieron Luis Miguel junto a su padre y Abril Campillo, Luisito se dedicó a despotricar con rabia contra Marcella, diciendo que se había ido con otro hombre y que ahora vivía en Los Ángeles. Esto era mentira, pues como bien sabemos Marcella estaba en Massa-Carrara recuperándose de los maltratos de Luisito al lado de su hijo Sergio. Incluso la familia Basteri le había hecho saber a los medios que Marcella fumaba cada vez menos, bebía casi nada y estaba empezando a adquirir un aspecto más saludable. Adua se lo contó a cualquiera que la entrevistara.

Luisito llamaba a Marcella un día sí y un día no para intentar convencerla de hacer lo que él quería. Recordemos que él no era una persona que aceptara un no por respuesta. Manipulaba con una mezcla de agresión y romanticismo, aprovechándose de la vulnerabilidad de ella y de que, según cuentan testigos, ella siempre siguió amándolo, aun cuando le temiera. Finalmente la convenció de ir a verlo a la mansión que el muy *new rich* se había comprado en Madrid con el dinero de Miki. El pretexto era que se necesitaba una firma de ella para que Luis Miguel pudiera presentarse en Chile. No tenía sentido, y ella se daba cuenta de eso; de hecho, le contó a su tía Adua que el pretexto no sonaba legítimo, porque ella tenía entendido que Luis Miguel usaba su pasaporte gringo para entrar a Chile sin problemas (México no tenía relaciones con Chile en la época de Pinochet y era difícil entrar como mexicano).

De todos modos, decidió ir. Tal vez movida por el deseo de ver a su hijo, al que extrañaba locamente. Además, cargó consigo todo lo necesario para demostrar que ella era dueña de cuentas en Suiza y de distintas propiedades a su nombre. Creía que estos documentos la colocarían en una posición de poder frente a él; en cambio, solo terminó facilitándole la tarea a Luisito.

A pesar de que la habían tratado de persuadir de no viajar a Madrid si sentía miedo de Luisito, Adua y Cosimo, su esposo, la acompañaron al aeropuerto, junto al pequeño Sergio. Luis le había dicho que le pagaría los boletos en el aeropuerto de Pisa, pero obviamente era mentira; al llegar al aeropuerto, los encargados dijeron que no había ningún boleto a su nombre. Tuvieron que buscar a Luisito por fax para que lo hiciera, y él volvió a reclamar una supuesta infidelidad. Marcella le contestó que solo estaba con su niño.

Luisito la tuvo esperando varios días, haciendo tiempo en aeropuertos (pensemos que la compra de boletos era otra cosa en esos tiempos). Ni siquiera tuvo la decencia de pagarle los boletos expeditos, tuvo que hacer mil escalas y esperas. Al final, los pasajes los terminó pagando un canal chileno con el pretexto de entrevistar a Luis Miguel.

Hay quien dice que, en el aeropuerto, Luis Miguel y Marcella se encontraron y pudieron verse por última vez. No hay manera de comprobarlo. Lo único que se sabe es lo que aquí está narrado.

Nunca más se le volvió a ver. Hasta la fecha, si murió o no continúa siendo un misterio.

Se entiende entonces que hayan surgido tantas hipótesis e interrogantes. Aceptémoslo: al ver la serie, todos nos volvimos una suerte de detectives. Cotejamos las versiones de revistas, de testigos, biografías autorizadas y no autorizadas. La verdad es que no se sabe de manera oficial si Marcella vivió o murió. Lo único cierto, con certeza histórica, por así decirlo, es que, a principios de septiembre de 1986, ya no había ningún rastro aparente de ella.

Adua ha narrado una y otra vez su última llamada con Marcella a la casa de Las Matas en Madrid, la cual fue rápida pero cordial y sucedió aproximadamente un mes después de su partida de Italia. Le dijo que iba a Chile, oyó que los niños se quedarían en otra casa con la abuela Matilde.

Y por eso fue Adua la primera en sospechar que a Marcella la desaparecieron en la casa de Las Matas en Madrid. Esto a la vez coincide con lo que sus sobrinos nietos Alex y Miki se decidieron a contar en la serie. Desde luego, los hechos aparecen ficcionalizados (como advertí de inicio, es una obra de ficción). No obstante, es cierto que la residencia de Las Matas se volvió clave para la búsqueda de Marcella. Incluso hubo testigos (en la serie es una vecina) que aseguraron haber escuchado gritos y haber visto cosas inusuales (a Tito con la camisa ensangrentada).

LA REALIDAD SUPERA A LA FICCIÓN: EL TRATAMIENTO DE LA AUTOBIOSERIE

Las revelaciones de la serie representan un gran salto entre el Luis Miguel de hace algunos años y este, que se atreve a revelar detalles de un hecho tan delicado. Miki había sido completamente hermético sobre su vida personal hasta ahora. Sin embargo, como comenté al inicio de este libro, la serie es producida y contada directamente por él,

por eso resulta tan atractiva; ¿es posible interpretar entonces que el cantante tomó la oportunidad de hacer catarsis
y por fin estar en paz luego de años de silencio? Después de
todo, seguramente él sabía que la gente se iba a volver
detective (como yo) y que muchas personas sacarían conclusiones, las mismas que saqué yo en mi sospechosista ser.
Ya que me lo preguntaron, aquí va: para mí, a Marcella la
mataron directamente los Gallego o alguien a solicitud de
ellos. Voy más por la hipótesis de que lo hicieron con sus
propias manos, aprovechándose de la fragilidad física de
la madre de Luis Miguel. Sin embargo, sin pruebas y sin
cuerpo, no hay delito que perseguir.

Eso sí, hablando de la serie, hay algunos detalles que no
encajan con lo que pasó en realidad. Por ejemplo, Cata
no fue a visitar a Marcella, como aparece en la serie, por
más que ella lo deseaba. Marcella y Cata se escribían mucho, pero eso fue todo. Marcella trató de convencer a Cata
y a su padre de mudarse con ella o de visitarla, sin éxito.
Mantuvieron una relación cercana por cartas y hoy esos documentos son los que nos permiten armar al menos parte
de la historia.

Precisamente en una de esas cartas es que Marcella le
avisó a su madrastra, con enorme tristeza, del inesperado
e inoportuno embarazo de un tercer hijo, que llegaba en el
peor momento de su matrimonio, cuando su familia estaba
rota y las infidelidades de Luisito eran exhibidas como si
ella no existiera.

Luisito era cínico, déspota, desobligado, esto todos lo saben. Cabe preguntarse qué otras cosas era además de eso. Digámoslo con todas sus letras: ¿asesino?

En la autobioserie, son cuidadosos de no decir «mi papá mató a mi mamá». Así es como Luis Miguel lo ha solicitado. Al final, también vende más, pero todo este asunto de muertes y desapariciones son delitos (ya prescritos, pero delitos al fin). Hay que hablar de supuestos. El tratamiento que el cantante le da al hecho en su serie es el siguiente: Marcella viajó a Madrid con engaños, le dijeron que vería a su hijo, hay una serie de mentiras, los pasaportes, las firmas, etcétera.

LUISITO, ¿ASESINO?

Luisito tenía la casa de Las Matas en Madrid y el departamento en Polanco que le había «cedido» a Miki (cedido entre comillas, puesto que todas esas propiedades las había adquirido con el trabajo de Luis Miguel). Cuando Marcella se fue a Italia, él dio rienda suelta a su nueva «soltería». De manera abierta, digo, porque no fue como que antes su matrimonio o su paternidad lo hubieran detenido. Y lo digo también entre comillas porque en realidad ya estaba emparejado con Abril Campillo. Ella era ampliamente conocida como «la oficial» de Luis Rey en todas las fiestas y eventos sociales a los que atendían. Y vaya que atendían a varios, verdaderas bacanales de días enteros.

Fue durante una de estas épicas borracheras (droga incluida) en la que Luisito se acercó a Andrés García (testimonio del mismo Andrés) y le pidió que «lo ayudara a hacer desaparecer a Marcella». Andrés García obviamente le dijo que estaba loco y que él no participaría en eso. Una cosa era echar desmadre locamente y tirar balazos en la privada de San Bernabé con Durazo, y otra muy distinta asesinar a una mujer a la que, además, admiraba y respetaba.

Hablando de Durazo, es aquí cuando vuelve a aparecer en la historia, y no por los mejores motivos. Andrés García, en esas mismas declaraciones, aseguró que el mismísimo general Durazo le confesó una vez que Luisito también acudió a él para pedirle ayuda con su esposa. Y por ayuda me refiero a lo mismo: desaparecerla. Hay que decirlo, el general también lo mandó al demonio con su descabellada solicitud. Encima de todo, el argumento que usaba con Andrés y con Durazo era que quería matarla por infiel. Ambos personajes le dieron el avión y lo trataron como lo que era: un tipo que no controlaba nada bien su consumo de alcohol y cocaína, y que estaba teniendo un delirio, una manía. Desafortunadamente no lo creyeron capaz de llevar a cabo semejante delito.

Nadie sabe qué pasó aquella noche en Las Matas, pero la desaparición de Marcella dejaría una huella en la vida de todos los que la rodeaban.

Los hermanos Gallego Basteri se tardaron en darse cuenta, pero gradualmente comenzaron a hacer preguntas. ¿Dónde estaba mamá? ¿Por qué siempre era la abuela quien contestaba el teléfono? Se sabe que la postal que aparece en la serie, esa en la que Marcella felicita a Luis Miguel por su cumpleaños y en la que le dice que no le guarda rencor, es de hecho la verdadera, pues Luis Miguel la prestó para la grabación. Y aunque es verdadera, al mismo tiempo es una falsificación; se trató de un intento de la abuela Matilde por hacerles creer a sus nietos que su mamá les escribía (casi no se nota que la abuela estaba hasta las manos de coludida en el crimen).

Por su parte, y con Marcella ya ausente, Luis organizaba orgías en el *penthouse* de Polanco con presencia de reconocidas artistas mexicanas. El lugar de predilección para estas acciones era el jacuzzi.

Se daba la gran vida que siempre consideró merecer, pero por dentro cargaba con una conciencia muy sucia. Andrés García comenta que Luisito se ponía muy nervioso cuando le preguntaban por Marcella y cuando alguien quería entrar a su casa de Madrid. Ese fue otro de los detalles que hizo pensar a mucha gente que en ese sitio estaba la clave para resolver el misterio del paradero de la italiana.

Luis Miguel pagó por su cuenta una investigación para saber qué había pasado con su mamá en los años noventa. Contrató exagentes del FBI y hoy, gracias a lo que nos cuenta en la autobioserie, sabemos que accedió a la mismísima Mossad, el top de tops cuando estás verdaderamente dispuesto a resolver un misterio así, y a la que tuvo acceso gracias a sus vínculos con el expresidente Miguel de la Madrid. Una vez que recibió los resultados, decidió que no se volvería a hablar jamás del asunto y cortó todos los lazos con sus familias española e italiana. Esto último tomó por sorpresa a los involucrados y, de hecho, hasta la fecha presenta un gran dolor para la familia italiana.

Los Basteri acudieron a un programa de espectáculos italiano que ayudaba a personas a reunirse con seres queridos ausentes. Era un intento quizá desesperado, pero genuino, por encontrar a Marcella. Hoy sabemos que Luis Miguel habló con ellos para pedirles que suspendieran toda búsqueda, y no dio más explicaciones. Fue la última vez que los contactó. El papá de Marcella sostuvo hasta morir que a su hija la habían asesinado. Dicen que hasta el fin de sus días repetía la palabra *asesinada*.

A Adua le duele mucho que Luis Miguel nunca la haya buscado ni tomara ninguna de sus llamadas. Pero en especial que detuviera la investigación concerniente al paradero de Marcella. Según él mismo dijo, «solo buscaba la paz». Se entiende, pero Adua también tenía derecho a la búsqueda, a su propia paz. A pesar de que tenían buena relación con Miki, él no les compartió la información existente.

Dicho sea de paso, este es un comportamiento típico de Luis Miguel: el hermetismo. Entendible, dado que la situación es muy complicada y no menos dolorosa. Es un mecanismo de defensa típicamente humano: cerrarnos cuando algo nos duele. Y el Sol de México es un humano de carne y hueso después de todo.

DETECTIVES AFICIONADOS: CADA QUIEN TIENE SU PROPIA HIPÓTESIS

Con el paso del tiempo han surgido muchas controversias sobre qué pasó realmente con Marcella. Cada quien aprovecha para llevar agua a su molino, y a muchos nos gusta ponernos el gorro de aluminio del conspiracionismo.

Se dice que en realidad no murió, que simplemente se alejó del mundo y se escondió para salvaguardar su vida. Miguel Aldana, quien fuera gran amigo de la familia y director de la Interpol México (puedes verlo también haciendo fuertes declaraciones de otros temas en documentales sobre el México de los años ochenta y sus secretos) declaró en 2021 que no cree la historia que cuenta la autobioserie en su temporada dos. En repetidas ocasiones, este exfuncionario ha sostenido que Marcella sigue viva y que decidió huir de Luisito Rey y su presión y violencia.

Aldana afirma haber tenido comunicación con Marcella en 2019, y que ella se encuentra muy bien. Incluso afirmó que, en su opinión, Luis Miguel sabe dónde se encuentra y mantiene una relación con ella. Pero eso sí, que la familia materna no está al tanto de esto y él no los actualiza pues ha preferido congelar el contacto.

Otra hipótesis de investigación para los detectives amateurs corresponde a la aparición de una indigente en las calles de Argentina. Una mujer muy parecida a Marcella, que los medios de ese país no tardaron en apuntar, fotografiar, perseguir, buscar... etcétera.

Finalmente, y aunque esto me parece demasiado absurdo, es preciso mencionar la versión que Tito se encargó de divulgar en entrevistas, a la que llamaré la versión del tiroteo: trataba a fuerzas de ligar a Marcella con algún capo de la mafia italiana, tal como Luisito había pretendido al explicar la desaparición de su madre a sus propios hijos. Eso llevó a Tito a dar versiones desesperadas, como que Marcella había estado en medio de un tiroteo, situación que no tiene fundamento ni prueba alguna. De hecho, no hay pruebas de ninguna de estas teorías.

Otra controversia, quizá paralela, es la teoría de que Luisito mató a Marcella en la alberca de Las Matas, pero que antes la obligó a hacerle sexo oral. Esta hipótesis se deriva de una conversación que Andrés García escuchó en una entrevista en televisión española de boca de Rosa Barbarito (Rosana en la serie), la excuñada de Luisito Rey. No podemos darla por buena porque no es posible encontrar huellas de la declaración y, además, Rosa no hizo más que defender a Luisito repetidamente en cuantas oportunidades tuvo. ¿Por qué diría algo así?

¿Y DESPUÉS DE LA DESAPARICIÓN DE MARCELLA?

En la serie se cuenta que Tito pasó varios días borracho, lamentándose y llorando, abrumado por la culpa. Su esposa, Rosa, ya no lo aguantaba, decía estar harta de tener que cargar con «ese bulto», de estar cuidándolo como si fuera un infante. Tito no dejaba de arrepentirse, afirmando que «no puedo creer que le hicimos eso al niño» (se entiende que el niño era Luis Miguel). Luisito le sentenció: «Si vuelves a mencionar esa noche, hoy te mueres».

Se sabe que los Gallego contrataron a una muchacha parecida a Marcella para sacar el dinero de sus cuentas; de hecho, era una joven de servicio de una casa cercana en Las Matas. Esto aparece en la serie, en la segunda temporada. Como Marcella no tenía declaración de persona desaparecida (hasta donde sé nunca la ha tenido), este trámite fue muy sencillo. Los hermanos Gallego sacaron hasta el último peso, hicieron todas las operaciones necesarias para recuperar el dinero que ellos sentían que les correspondía. Seis años después de la «muerte» de Marcella, se seguían usando sus documentos. El misterio no ha terminado.

Luisito seguía diciendo que Marcella lo había dejado por un italiano. A veces mantenía la versión de que era un mafioso, luego la cambiaba por otra historia en la que se trataba de un mánager, de un empresario o representante que trabajaba con Prince. Como fuera, él siempre quedaba como la víctima. Ay, pobre Luisito, al que la vida le estaba cobrando lo que había hecho.

Matilde, que siempre tuvo una pésima relación con Marcella, se volvió algo así como una segunda madre para Sergio, quien se había establecido en España desde la desaparición de su madre, a sus dos años. Sergio creció entre los Gallego como uno más de los niños, hasta que Luis Miguel reclamó su custodia y contrató abogados para recuperarlo. El niño llegó a México a fines de 1993 para quedarse con su hermano.

En la serie, Matilde aparece retratada como una mezcla ambigua de cariño y avaricia. La verdad es que, si nos ponemos en los zapatos de Sergio, sin mamá, con un papá ausente y dos hermanos en el otro lado del mundo, es entendible que Matilde no sea precisamente una villana. Sin embargo, murió pronto a causa de un infarto, en 1993. La serie se encargó de explotar una invención; la realidad es que para las fechas que se manejan en el programa, Matilde ya estaba muerta. Si estuvo coludida en el asesinato, o si por lo menos lo supo y lo encubrió, es algo que nunca sabremos. Lo único disponible son los hechos, por ejemplo, lo que sucedió con Sergio más adelante. Esto gracias a que Octavio Foncerrada, el Doc, quien con el tiempo adoptó a Sergio, ofreció un testimonio extendido en *Ventaneando*, el programa de espectáculos conducido por Paty Chapoy.

CAPÍTULO 12

EL ROMPIMIENTO DE LUIS MIGUEL CON LUISITO

He hablado ampliamente de cómo, por lo menos en un primer momento, la relación de Luis Miguel con su papá era de respeto y temor. Una relación tirante, pero de subordinación. Sobre todo en lo relacionado a la vida familiar, hábitos, preferencias… Luis Miguel era a menudo un títere en manos de un titiritero déspota.

Ante los medios, Luis Miguel solía decir:

Todo lo que soy se lo debo a mi padre, sé que tengo talento, pero sin sus consejos no hubiera llegado adonde estoy. Tiene sus defectos como todo ser humano, pero sus virtudes lo superan. Ha sido importante para mi evolución como persona y como artista, y siempre ha estado a mi lado.

No obstante, este títere estaba creciendo, y poco a poco iba inconformándose más y más con algunas actitudes de su papá.

PRIMERA FASE:
EL ROMPIMIENTO CON EL MÁNAGER

Para Luis Miguel no había nada más importante, nunca lo ha habido, que su carrera musical (ironías de la vida, eso tenían en común ambos Luises). Ante la disyuntiva a la que lo obligó Luisito Rey, tu carrera o tu familia, él eligió su carrera. Sin embargo, y a pesar de que estaba dispuesto a ceder ante las exigencias más locas de Luisito, todo tenía un límite. El Sol decidió que ya había estado bueno, comenzó a cuestionar más y más a Luisito y la cuerda se tensó… hasta finalmente romperse.

A finales de los años ochenta hubo entre ambos un enfrentamiento en relación con el estilo de la música de las nuevas canciones de Luis Miguel. Luisito decidía cada detalle de la carrera de su hijo y no consideraba, a diferencia de Luis Miguel, que el R&B y el rock, los mismos géneros a los que él lo había introducido durante su infancia, fueran a resonar con su audiencia. Luisito tenía sumamente estudiado el mercado musical de América Latina, y sin duda estos géneros no los ayudarían a vender mejor ni a generar más fans. Luis Miguel no dejaba de llevar propuestas para experimentar con los ritmos que amaba, pero se topaba con pared.

Esta franca oposición fue uno de los motivos de frustración y rebeldía que finalmente llevarían al artista a deshacerse del mánager ultracontrolador (aunque todavía falta para eso). Durante los años en los que Luisito manejó su carrera, lo más cerca que Luis Miguel había estado de los tipos de música que a él le interesaban fue durante ese extrañísimo álbum de 1983, *También es rock* (y desde eso ya habían pasado muchos años y muchos cambios). Algunos dirán que no fue más que un burdo intento por «tranquilizar» a Luis Miguel en aquella época, que cada día se rebelaba más al no sentirse escuchado. No tenía madera de títere. No a largo plazo, al menos.

Fue entonces que entró en escena Hugo López, quien se convertiría en el enemigo número uno de Luisito, por alejarlo de su gallina de los huevos de oro, pero que al mismo tiempo funcionaría como una tabla de salvación para Miki, al velar por sus intereses y erigirse a la vez como la figura de cuidado, enseñanzas y ejemplo paterno que nunca había conocido.

HUGO LÓPEZ Y UN GIRO DE 180 GRADOS

Hugo López era promotor de artistas, organizador de conciertos y dueño del Premier, un centro de espectáculos musicales muy consagrado al sur de la ciudad. Los Gallego y Hugo se conocieron porque Luisito pactó presentaciones con él. Lo que este no sabía era que, al involucrar a Hugo con Luis Miguel, le estaba dando a Miki la posibilidad de salvarse de sus garras.

El primer obstáculo para que Hugo López comenzara a encargarse de la carrera de Luis Miguel fue su edad. El cantante todavía era menor de edad, y su padre era su guardián en todos los sentidos. Luis Miguel, de 17 años, estaba desesperado por tomar control de la parte creativa, se moría de ganas por experimentar, por hacer cosas nuevas. En cuanto cumplió 18, decidió separar a su padre de lo creativo, pero lo dejó a cargo de lo financiero, quizá como una manera de tranquilizarlo. Aunque la situación continuaría desgastándose, Luis Miguel todavía era conciliador. En el fondo seguía siendo el mismo chavo con ganas de complacer a su padre.

Hugo tomó control del lado artístico de Luis Miguel e hizo gran mancuerna con Juan Carlos Calderón, un reconocido compositor y arreglista español, creador de muchos de sus más grandes éxitos, como «La incondicional». (Abro un paréntesis aquí para aclarar que el primero en buscar a Calderón para que colaborara con Luis Miguel fue Luisito Rey. Aunque nos cueste, honor a quien honor merece. Visión no le faltaba cuando se trataba de la carrera de su hijo). Se grabaron tres discos con él, de los cuales el primero fue un giro de 180 grados en la carrera de El Sol.

Se le mostró más maduro, con un aire romántico y el estatus de *sex symbol* completamente definido. Salió a la luz el Miki que tanto adoramos.

Vino entonces un nuevo golpe chueco. Antes de que Luis Miguel cumpliera la mayoría de edad, su padre alcanzó a firmarlo con WEA en un gran contrato que lo ataba a él y a sus manejos. Su hijo estaba desplazándolo, por lo que decidió amarrarlo. Para ese momento, el andaluz ya solo se encargaba de lo financiero, pero no abandonaría esta última hebra sin dar batalla.

Cambiaron de disquera, de la EMI a la WEA. EMI no se había preocupado por asegurar más años de contrato porque creyeron que Luismi sería una moda pasajera y que al volverse adulto perdería su atractivo. Luisito puso como excusa que no confiaba en el nuevo titular de la EMI, Luis Moyano, y que no estaba de acuerdo con las decisiones que estaba tomando. (Abro aquí otro paréntesis: en su primer contrato, EMI les pagó un millón de dólares; el segundo contrato fue por cuatro millones de dólares. Bueno, pues el primero con WEA fue por 10 millones de dólares e inició en 1987 con el disco *Soy como quiero ser, Luis Miguel '87*).

Rosy Esquivel era jefa de prensa en EMI y le tocaba trabajar para Luis Miguel. Luisito se los llevó a ella y a su esposo Armando a trabajar exclusivamente para él. Rosy era jefa de prensa y Armando el contador que sufría teniendo que seguir las instrucciones de su jefe de mandar el dinero que entraba a Suiza y usar a Marcella como prestanombres para evadir responsabilidades fiscales en México. Rosy cuenta que Luisito le informó sobre su decisión de que Luis Miguel no continuaría con EMI y fue cuando les ofreció chamba, oferta que aceptaron un año después. Esta última se arrepentiría profundamente, pues le tocaba ver a un Luis malhumorado, drogado, grosero, altanero, con pistola en mano y dando malos tratos al personal (ella incluida).

De esta época y, en relación con las ganancias de la gallina de los huevos de oro, resuenan unas palabras que alcanzó a decir Marcella: «Luis Miguel cree que cuando llegue a la mayoría de edad se va a topar con una fortuna, y lo que se va a topar es con un puñado de moscas».

DEFRAUDANDO AL FISCO

Como recordarás de capítulos anteriores, Marcella y Luisito no estaban casados de manera oficial. Esto resultó un arreglo óptimo para Luisito (hasta en eso, colmilludo), pues pudo utilizar a su no esposa como prestanombres. Luisito compraba propiedades, manejaba cuentas bancarias en Suiza, enviaba y depositaba dinero a España, iba y venía, hacía y deshacía, y Marcella a veces no tenía ni idea.

Entre estas propiedades estaba un tremendo caserón en Madrid, la famosa casa de Las Matas, dentro de un club de golf muy famoso. Luisito la compró entre 1984 y 1985, cuando tenía la esperanza de que la carrera y el éxito de su hijo abarcaran también España. Incluso, bien fino, hizo que saliera todo en la portada del *¡Hola!* Y por si fuera poco, a la entrada de la casa aguardaba un Rolls Royce nuevecito, mientras las puertas de la mansión *new rich* presentaban las iniciales de Luisito grabadas como primera impresión para sus invitados.

Compró también el *penthouse* de Polanco que vimos en la serie de Netflix, como un intento por congraciarse con su hijo de 17 años. «Mira, este va a ser tu lugar, aquí puedes traer a tus amores», explicó. De nuevo, mató dos pájaros de un tiro, porque si bien se ganó momentáneamente la amistad de un muy joven Luis Miguel, también empleó esa táctica para alejar a Marcella (alienación parental).

Por esas épocas, Luisito ya había comenzado a maquinar trampas para evitar declarar ingresos al fisco por millones. Luis Miguel no se enteraría de esto sino hasta muy adelante y, cuando esto sucediera, el rompimiento entonces sí sería definitivo. Ya no solo le estorbaba su papá en lo artístico: también se estaba volviendo un problema en lo económico.

LA ESTAFA PATERNA SALE A LA LUZ

Como ya mencioné, Luis Miguel decidió confiarle su carrera a Hugo López cuando se dio cuenta de que su papá no iba a permitirle experimentar musicalmente, como era su intención. Luisito continuó a cargo de lo financiero y administrativo, en una maniobra que Miki empleó para hacerle saber que podía estar tranquilo, que todo se trataba solo de diferencias artísticas, no de desconfianza. Sin embargo, esto estaba a punto de cambiar. Cuando Hugo López comenzó a hacerse cargo de la carrera de Luis Miguel, ambos descubren la estafa en la que había estado envuelto el cantante. Por aquel entonces murió Armando, el contador de la empresa (sí, el mismo que Luisito le «robó» a EMI, por así decirlo), y cuando el equipo de contabilidad hurgó en las cuentas se percató de que no había un peso. Luis Miguel estaba completamente quebrado: Luisito Rey se había robado todo.

Si de por sí Hugo le caía mal por haberlo alejado de su mina de oro, fue en este momento cuando se convirtió en un verdadero problema, un némesis del cual debía ocuparse. En un día cualquiera de oficina, Hugo López recibió de pronto la notificación de que Luis Miguel estaba a un paso de pisar la cárcel, apenas cumpliendo la mayoría de edad. Afortunadamente, cuando se destapó el caos y el hecho (terrible) de que su padre no solo había hecho mal uso de su dinero y vaciado las cuentas, sino que además había evadido al fisco mexicano en el inter, convirtiendo un problema familiar en un delito frente a la nación, Luis Miguel estaba en buenos términos con el gobierno en turno: ya había grabado el video de «La incondicional», el cual no era otra cosa que un elaborado sistema de reclutamiento para el ejército mexicano, solicitado por el entonces presidente Carlos Salinas de Gortari. También, el Burro Van Rankin, uno de sus más cercanos amigos, en ese momento era amigo y llegaría a ser novio de la hija del presidente.

Hugo López era un excelente operador, con contactos de muy buen nivel. Del mismo modo, en aquel momento histórico, salir de problemas en México para alguien como Luis Miguel, que también se codeaba con la gente correcta, no era especialmente complicado. Tras conciliarse con el fisco, Luis Miguel decidió empezar desde cero, bajo el manejo cuidadoso (y, por qué no decirlo, cariñoso) de Hugo López en 1989, ahora también en lo económico. El corte de pelo que muestra en la portada del disco *20 años* fue también una manera de sentar un precedente, de enviarle un mensaje al mundo y a su papá. Es imposible medir el nivel de traición y dolor que experimentó Luis Miguel, en especial a una edad tan temprana. Podemos simplemente adivinar. No hubo vuelta atrás, algo se rompió en el joven.

SALTE DE MI VIDA

Los años finales de la década de los ochenta fueron una etapa decisiva para Luis Miguel. Habían pasado algunos años desde que Luisito Rey puso a Miki en la delicada situación de elegir entre su familia y su carrera, entre mantener contacto con su madre o seguir creciendo como cantante. El concierto de Luna Park, en el que Luis Miguel subió a Marcella al escenario para cantarle, parecía hoy un recuerdo. No habían vuelto a saber de ella. Cuando se lo preguntaban, Luisito Rey no hacía más que evadir todo lo que tuviera que ver con su paradero. Por si fuera poco, se había revelado una serie de fraudes y malversaciones. Su padre comenzaba a parecer cada vez más un monstruo. Pero ¿de qué tanto más habría sido capaz? El cantante había aprendido (con un inmenso dolor) que su papá era capaz de cualquier artilugio, de cualquier mentira con tal de mantener (o, ahora, recuperar) el control de su carrera, su vida y su dinero.

Y no le faltaba razón.

Luisito Rey no descansó ni un segundo en tratar de recomponer la relación con Luis Miguel. No tanto porque lo extrañara como hijo (no podemos darle tanto crédito), sino porque conocía su valor como producto. Por ejemplo, la famosa «escena del jamón», aquella en la que Luis Miguel desairó a su padre y lo dejó parado y humillado, cargando una pierna de jamón ibérico, sí sucedió, pero no en el *backstage* de un concierto, sino en el *penthouse* de Luis Miguel. Ahí llegó Luisito con la dichosa pata de bellotero, pero no solo no se le permitió el paso, sino que tuvo que ser retirado del lugar en brazos del personal de seguridad de El Sol de México. Una humillación.

Quienes vimos la serie, creímos estar ante una recreación dramatizada de eventos reales; ya sabes, acomodados a manera de que provoquen suspenso y expectación. Bueno, pues algunos encontrarán difícil de digerir la noticia de que, de hecho, a menudo la vida real fue mucho más impresionante todavía.

Luego de la escena a la que llamaré «la treta de Madrid», en la cual Luisito Rey planeó y ejecutó involucrando incluso a Andrés García, ahora sí quedaría sellado con sangre su rompimiento con Luis Miguel. Como mánager, como artista, como padre, como humano y en todos los sentidos.

Afincado en el otro lado del mundo, donde compró ese tremendo caserón de Las Matas, Luisito se hacía acompañar por su hermano Tito. Comenzó a fraguar una elaborada táctica para acercarse a El Sol, aprovechándose de que lo conocía mejor que nadie. Sabía sobre sus debilidades y puntos flojos: él mismo era responsable de haber creado algunos. Uno de ellos era el gran cariño que Luis Miguel le profesaba al actor Andrés García, a quien incluso en ocasiones se refería como «papá» desde que vivían en San Bernabé. Tenía una gran necesidad de una figura paterna confiable. Actualmente Luis Miguel y Andrés García ya no tienen contacto, motivo por el cual este último se encuentra muy dolido. Pero, volvamos al pasado. En ese momento todos seguían siendo amigos. Sí, Luisito y Andrés también.

Luisito citó a Andrés García (que por ese entonces estaba en México haciendo telenovelas y películas en su mejor momento artístico) y a Luis Miguel por separado. A cada uno le dijo que el otro se moría de ganas de encontrarse en Madrid. Luis Miguel ni siquiera quiso tomar la llamada de Luisito, pero cuando le dijeron que Andrés García estaba buscándolo, no tuvo más opción que hacerlo. Le hicieron creer que Andrés estaba esperándolo para festejar su cumpleaños 19 como él lo había pedido. Accedió y voló a Madrid. Si acaso sospechó que todo era una treta, supongo que actuó de la misma manera que Marcella. Con Luisito no podía saberse; siempre todo, absolutamente todo podía ser una trampa, pero a veces no quedaba de otra más que enfrentar.

Llegaron a la casa de Las Matas. Luis Miguel creyendo que Andrés García lo buscaba; Andrés pensando que Luis Miguel lo buscaba a él. Andrés ha cambiado de ubicación la escena en subsecuentes relatos. A veces dice que esto sucedió en Las Matas, a veces que de camino a Cádiz. Por motivos de relato, lo ubicaré en Las Matas. Al descubrir la treta y sentirse engañado, Andrés se le fue a los golpes a Luisito. Fue Luis Miguel quien los separó, gritando: «¡Papá, lo vas a matar!». Lo curioso es que, al decir esto, se estaba refiriendo a Andrés García. Recordemos que lo llamaba «papá», y que con Luisito Rey no quería tener ya nada más que ver. Además, seamos realistas: Andrés Garcia era un hombre alto y fuerte, mientras que Luisito Rey era un enano enclenque que inspiraba lástima. Era lógico que quien mataría a alguien no sería él. Andrés ha dicho que Luis Miguel lloró mucho, y en sus propias palabras afirma que «cómo no, si Luisito Rey era cagada y trataba como esclavo a Miki». Total, que el plan le salió al revés al andaluz, pues Andrés intercedió para que por fin dejara libre y en paz al cantante.

Así, con ese tipo de escenas climáticas que parecen sacadas de una telenovela y que en cierto sentido sí lo fueron, se sellaron para siempre los dos adioses. Tras el engaño de Las Matas, Luis Miguel decidió que ahora sí, este era el final de todo. Con su papá no se podía. Había que cerrar. Cortar.

Luismi no pudo postergar más el punto final de las cosas cara a cara. Estaba dispuesto a darle el adiós absoluto.

Y ahora sí, estamos donde comenzamos. En la exclusiva *suite* del hotel Villa Magna, con Miki enfrentando a su padre, informándole que a partir de ahora su relación tóxica llegaba a su fin. Adiós, Luisito.

Fue el final de una era de manejos financieros y profesionales, pero también el adiós definitivo a una figura paterna déspota y cruel. Para muestra un botón: Alejandro

Gallego Basteri renunció definitivamente a su apellido paterno, a manera de *statement* público.

Luis Miguel no volvería a ver a su padre sino hasta el final de su vida. Hay quien dice que alguna vez se lo topó de lejos, ignorándolo. Contacto como tal, no volvieron a tener.

CAPÍTULO 13

EL FINAL DE LUISITO REY

PATADAS DE AHOGADO

Luis Rey seguía bebiendo muchísimo, decían que podía tomar varias copas de anís en ayunas y había días que hasta se tomaba dos botellas de whisky él solo. Si de por sí estaba desequilibrado y llevaba hábitos muy cuestionables, imagino que la carga de culpabilidad tras todo lo sucedido con la desaparición de Marcella (y su indudable involucramiento) debe de haber sido insoportable.

En algún momento de lucidez, Luisito por fin reconoció que Luis Miguel no iba a volver con él. Ahora sí había roto por completo los lazos, había quemado todos los puentes. Decidió entonces mirar hacia otro lado, forjar un nuevo camino como siempre lo había sabido hacer.

Se dispuso a montar otra disquera. Su lógica fue: «Si yo hice a Luis Miguel, puedo hacer a cualquiera». Puso manos a la obra: buscar artistas, consolidar un nuevo sello, cazar patrocinios, armar la estructura, presentar sus proyectos ahí a donde lo dejaran… Pero todo fue un fracaso.

Conoció a Yolanda Mingo, quien en ese momento era una menor de edad. Se enamoró de ella (si es que a esos pensamientos obsesivos, enfermos, posesivos y psicópatas se les puede llamar enamoramientos), quizás en parte debido a que Yolanda guardaba un parecido muy impactante (*more like*: siniestro) con Marcella. Como era de esperarse, el comportamiento de Luisito hacia Yolanda sería similar al que mostró con la italiana: la mantenía apartada de su familia, casi secuestrada, era manipulador y controlador. Yolanda murió de cáncer en 2019, pero, hasta la fecha, su madre vive enojada con Luisito Rey. Y cómo no. Cuando supo que Luisito rondaba a su hija, se infartó. Después de todo era un viejo comparado con su hija, y ni siquiera un viejo decente. Su relación, como ya mencioné, fue muy turbulenta debido a sus adicciones. A ella no le interesaban el alcohol y la droga, pero nunca logró convencerlo de limpiarse. Yolanda afirmó que ella le pedía que dejara sus vicios sin obtener resultados, y que durante sus dos últimos años de vida estuvo realmente hundido en el alcohol y las drogas.

Y hablando de drogas, tal vez sea el momento oportuno para mencionar que justamente por aquellas fechas es que el general Durazo, antiguo conocido (¿y socio?, ¿y patrón?) de Luisito salió de la cárcel, a la cual había ingresado en 1984 por los delitos de contrabando, acopio de armas y abuso de autoridad. Había escapado del país, pero fue finalmente aprehendido en Puerto Rico y extraditado a México. En 1992 fue puesto en libertad por buena conducta y por su salud delicada. Es importante mencionar todo esto porque, así como Luisito se había enemistado y defraudado en sus negocios legales… no se sabe hasta qué punto habría también torcido sus negocios ocultos.

En fin. Luisito rompió con Miki. Falló su disquera. La vida le pasó por encima: desencantos, fama prestada, debilidad ante los excesos y supuestas promiscuidades que lo condujeron a tantas incógnitas como descuidos. El único que se mantenía a su lado era Tito. De Pepe no se sabía nada. Siniestro como buen Gallego casi parecía que se había borrado de la faz de la tierra.

La decadencia de Luisito avanzaba a pasos acelerados. Sus hijos habían cortado todo contacto con él. Alejandro estaba en Estados Unidos, donde se desempeñaba como un exitoso empresario. Sergio se encontraba en España, los Gallego lo criaban como un niño cualquiera de la clase media española, e incluso sus primos lo recuerdan como «uno más en la mesa»; tenía por entonces cinco años. De todos modos, siempre se supo que su hijo menor no le importaba gran cosa. Y Miki… bueno, Miki andaba por todo el mundo, estaba ocupado consolidando una carrera como el mayor artista pop latino de fines de siglo.

En 1991 Luisito viajó a Cuba para recibir el año nuevo. Parranda, sexo, drogas y rock and roll… y neumonía. Permaneció ingresado cuatro días en un centro cubano antes de regresar a España. Tambien «se contagió» de un brote de legionella. Otras fuentes viables comenzaron a afirmar que portaba activamente el VIH, lo cual no sería raro dado su estilo de vida; en aquella época, dicha condición aún acarreaba problemas de salud muy ostentosos y una absurda pero marcada carga de vergüenza social.

Fracasado, adicto y en descenso a la locura, lo único que le faltaba era una enfermedad. Y tal cual. En ese entonces comenzó a manifestar los síntomas del sida. Se hallaba debilitado, y esto, en combinación con el consumo de sustancias, fue mortal. Literalmente.

Un día antes de que se desencadenara la última crisis, supuestamente salió con dos prostitutas y telefoneó a Tito en estado de euforia para que se les uniera.

El 30 de noviembre de 1992, el cuerpo de Luis Rey ya no aguantó la ingesta de alcohol y coca, su hábito constante durante décadas. Le dio una fuerte taquicardia que acabó con él. Lo encontraron en la calle, en Barcelona. Solo. Lo llevaron al hospital. Tenía 47 años.

SU CUERPO YA NO RESISTE MÁS

Primero, lo llevaron al hospital Sant Boi de Llobregat, donde le hicieron exámenes y lo remitieron al Hospital Universitario de Bellvitge, un centro que atendía a pacientes enfermos de VIH. Ahí, en la unidad de cuidados intensivos, entró en coma. Comenzaron el protocolo de respiración artificial asistida y continuas transfusiones de sangre para paliar la anemia que había llevado a su propia sangre a unos niveles ínfimos de hemoglobina y hemorragia interna. Expulsaba sangre en los excrementos.

Al mismo tiempo, al otro lado del globo, en Buenos Aires, Luis Miguel se encontraba a punto de salir a dar un concierto. Al enterarse de las malas noticias, quedó destrozado, pero, profesional como siempre ha sido, continuó con el espectáculo. ¿Esta escena te suena conocida? Es así como arranca la famosa autobioserie.

Abandonemos por un instante la ficción y hagamos corte a una escena del mundo real: Adua, su hermano Enzo y una de las primas argentinas del cantante viajaron a Buenos Aires para acudir al evento. Estaban en la *suite* San Martin del hotel Sheraton. La tía tenía intención de contarle sus novedades y problemas familiares más recientes, pero Luis Miguel interrumpió la charla. Debía comunicar malas noticias. Su papá estaba internado en un hospital en Barcelona.

McCluskey, músico argentino, promotor y mano derecha de Hugo López durante años, se encargó de todo. Él llamó al médico encargado de Luisito y confirmó lo delicado de la situación. También giró indicaciones para que le solicitaran la mejor atención posible, sin escatimar en gastos. Esa había sido la instrucción del cantante.

Luis Miguel canceló sus conciertos y fue a Barcelona a ver a su padre. Fue un viaje tormentoso. Llegó justo a tiempo para verlo morir. Miki viajó en el avión privado junto a Hugo López y algunos de sus más cercanos amigos: Jaime Camil Garza, su mujer Tony Star, y Erika (Isabella Camil), que era pareja de Miki en ese entonces. Alejandro se les adelantó desde Estados Unidos.

Una vez en el hospital, Luisito ya nunca más salió del coma. Ni siquiera pudo escuchar el último adiós de su hijo, acostado en su lecho de muerte. Falleció alrededor de las 11:00 p. m. del 9 de diciembre de 1992. Murió dejando incógnitas, cabos sueltos, malentendidos, mucho rencor. El paradero de Marcella, para ser precisos, se lo llevó a la tumba.

Y aunque normalmente creeríamos que la historia termina al momento de la muerte, no iba a ser así con un personaje tan intrincado y polémico como Luisito. Porque incluso en el más allá continuaron los problemas.

Fue Tito el primero en llamar la atención sobre por qué el cadáver de Luisito tenía las huellas de una golpiza. Sí, sí, ya sé que resulta arduo pedir que le creamos a la palabra de un mentiroso patológico. ¿Una más de las leyendas Gallego? Sin embargo, los señalamientos de Tito coinciden con el parte médico, es decir, con la observación de los doctores al momento de ingresarlo, y este está firmado por los doctores José Luis Ventura y Miguel Rodríguez. El cuerpo de Luisito estaba brutalmente golpeado. Presentaba señas de violencia y agresiones, contusiones que abrieron una nueva interrogante con su respectiva hipótesis: ¿golpiza? ¿Acaso algo ligado a los negocios turbios que siempre mantuvo el andaluz?

Como mencioné, el Negro Durazo acababa de salir de la cárcel, donde había pasado los últimos años. Recordemos que el despiadado comisario y Luisito habían sido socios y amigos.

¿Coincidencia? No lo creo. Tampoco lo cree Tito, pues fue él quien por primera vez mencionó esta teoría en una entrevista. Es altamente probable que a Luisito lo haya matado la consecuencia de sus pésimas decisiones de vida al involucrarse en asociaciones delictuosas y cometer el mismo error de siempre: querer pasarse de listo, evadir, evitar cumplir con lo que le tocaba. El problema es que eso no se puede hacer siempre y con cualquiera y esperar no sufrir los costos por ser esa clase de «listillo».

VIH, cirrosis, hipoxia (ausencia de oxigeno)… Todas se señalaron como causas de la muerte de Luisito. Para no abrumar con terminajos médicos, solo diré que tenía mucha fiebre, los pulmones afectados y sin poder respirar, y que la causa oficial fue hipoxia.

Tito no podía creerlo. El fin de semana previo, Luisito había estado bien. Sin embargo, el doctor dijo que le habían encontrado barbitúricos y cocaína en la sangre. Vicente pidió la autopsia. Luis Miguel no accedió, tenía que ir de gira a Brasil. Y dados los antecedentes en la relación con su padre, los Gallego y el manejo de medios, lo mejor sería una cremación rápida y sin mayores preguntas.

EL ADIÓS

Luis Rey fue cremado. Su misa funeral tuvo lugar en Barcelona, en la calle Balmes. Sus restos fueron llevados al cementerio en Cádiz por Luis Miguel en compañía de la familia que estaba presente.

En el primer concierto que dio después de celebrar el funeral de su padre, en el Luna Park de Buenos Aires (sí, en el mismo lugar donde vio a su madre por última vez), El Sol dijo lo siguiente:

Compartan todo lo que quieran con la gente que quieren hoy y no mañana. Lo más bonito que tenemos en la vida es el amor y cariño. Les pido por favor que me ayuden esta noche.

Luego, con lágrimas en los ojos, recibió el grito de apoyo de miles de fans que gritaban «¡Luis Mi Rey, Luis Mi Rey!», otro de sus populares apodos.

En alguna entrevista, Miki dijo que una de las experiencias más difíciles de su vida fue no haber tenido la oportunidad de pedirle perdón a su padre: «Es más difícil cuando no hay una contestación, no hay un "no te preocupes, no me ofendo, estoy bien, tranquilo"».

Miki compró un mausoleo arrinconado en el cementerio de Cádiz, de varias criptas, en donde solamente una está ocupada y marcada con un simple número nueve. ¿Protección de los medios? ¿El final más congruente con una historia que se quiere dejar en el olvido? ¿Venganza consciente o inconsciente condenando a la oscuridad y a la mediocridad eterna al hombre que quiso ser luz destruyendo a todos los que lo rodearon? Elige tu propia conclusión. Lo cierto es que Luisito, aquel que soñó desde que tuvo uso de razón con que su nombre fuera recordado para siempre en letras de oro, con dejar un legado trascendente como artista, hoy está escondido tras un número, sin poder ser visitado por nadie salvo por quienes aparecen en una breve lista de nombres que se tiene registrada a la entrada del cementerio. Y de los pocos autorizados, a ninguno le interesa ir a rendirle unas palabras de recuerdo a su polémico ser.

Los tentáculos de los Gallego se extienden incluso más allá de la muerte, y esta no fue la excepción. Hubo muchas peleas y discrepancias por parte de los hermanos de Luisito con Luis Miguel, problemas con respecto al dinero que le correspondía a Luis Rey y que ellos heredarían, o que ellos habían trabajado… en fin, todas las maneras en las que ellos pudieran hacerse de dinero a costa del cantante. Tito pedía dinero por su silencio, bajo amenaza de acudir a todos los medios posibles a contar secretos familiares. En efecto, Vicente reclamó en la televisión española, en cuanto programa del corazón estuviera dispuesto a pagarle unos euros por hablar pestes de su sobrino, su descontento por el dinero «que le correspondía» y porque le escondieron y prohibieron el acceso a los restos de su hermano. Este era el único código que conocía el clan Gallego: estuvieron y están encima de Luis Miguel en todo momento, extorsionándolo con la amenaza de sacar declaraciones sobre su familia.

En cuanto al dinero, El Sol dijo que él no quería ni un centavo de lo que existía en la cuenta de Suiza, y encargó a sus representantes en España que contrataran a alguien para que se hiciera cargo de los trámites correspondientes y velara por sus intereses. Entre estos se encontraba la manutención de su hermano Sergio, así como la de los abuelos Gallego Sánchez y Basteri. Muy a pesar de Tito, no se contemplaba el pagarle los millones de dólares que afirmaba que su sobrino le debía por el tiempo que había perdido de su propia carrera artística para dedicárselo al hijo de su hermano.

Tras lo sucedido, Luis Miguel selló la tumba de su padre. Mantuvo un silencio casi hermético hasta que reabrió la caja de Pandora con el lanzamiento de la serie.

De Pepe, como ya mencioné, sabemos muy poco. Hay un hermetismo casi absoluto alrededor de su figura. Los abuelos de Luis Miguel fallecieron a finales de los años noventa. Matilde fue la primera, en 1993. Su deseo había sido que la enterraran junto con las cenizas de su querido Luisito a la altura de su pecho, pero la urna se mantuvo en el mausoleo arrinconado del cementerio de Cádiz. Luego fue el turno de Sergio Basteri, en junio de 1998, a los 74 años, en una casa de retiro que Luis Miguel pagaba mensualmente. Murió muy dolido de que su nieto no fuera a visitarlo desde hacía más de 14 años. Luis Miguel se hizo cargo de todos los gastos del entierro. Rafael Gallego murió en el año 2000. Luis Miguel no fue al entierro, había roto lazos con los Gallego hacía tiempo, aunque también lo mantuvo económicamente hasta el final.

De los años noventa, también data una aparición que es importante mencionar. Se trata de de la del tío Vicente Gallego en el programa español de María Teresa Campos, periodista y reconocida presentadora de televisión, tomando de la mano a un niño pequeño. Era Sergio, el hermano menor de Luis Miguel, un pequeño niño de nueve años. Entre ambos reclamaban que no podían comunicarse con el cantante. Vicente incluso lo había llevado ya con periodistas de otro programa para llorar sobre la tumba de su abuela en un intento por presionar a su famoso sobrino. Al final, el niño cantó una canción de su padre, imitando la famosa escena de Miki en Ciudad Juárez. Sergio también cantaba como los ángeles.

Esta fue la gota que derramó el vaso. Luis Miguel enfureció al ver cómo intentaban manipularlo, y mandó por su hermano Sergio para que se fuera a vivir con él.

CAPÍTULO 14

SERGIO

El hijo menor de Luisito Rey, Sergio Gallego Basteri, es uno de los personajes más controvertidos. La serie no refleja muchos de los hechos tal como sucedieron y tampoco algunos rasgos de su personalidad.

La primera infancia de Sergio transcurrió en Italia, con los Basteri y al lado de su madre, Marcella, quien en ese entonces ya temía por su vida y estaba intentando recuperarse de su depresión. Más adelante entre los Gallego, en España. Ahí creció como un niño común y corriente. Es más, nadie que lo hubiera visto en aquel entonces habría podido sospechar que estaba emparentado con el ídolo pop del momento. Por eso, cuando en 1993 Luis Miguel se lo llevó a vivir con él a México poco antes de que cumpliera los 10 años (tras rescatarlo de los Gallego, como vemos en la serie), Sergio conoció por primera vez este universo de glamur y lujos. Era demasiado para su corta edad.

Por su parte, el Doc Foncerrada era el médico familiar de los Gallego Basteri desde hacía varios años. Todo había comenzado cuando un día Luis Miguel requirió curaciones y fue él quien lo atendió. Inició así una amistad y colaboración cercanas entre la familia y el médico. Digamos que se convirtió en un miembro más. Era, en cierta manera, la niñera oficial de los Gallego.

El Doc se ofreció a hacerse cargo de Sergio porque Luis Miguel ya no podía con el paquete. El niño pasaba mucho tiempo solo y el pretexto fue llevarlo a estudiar a Estados Unidos, donde estaría lejos de la prensa y podría prepararse mejor. Pero no fue una decisión impulsiva como se ve en la serie, donde se maneja este cambio abrupto como si fuera el resultado de que ciertos sucesos (malentendidos, peleas, estrés) se le hayan «salido de las manos» al cantante. La verdad es que el Doc siempre tuvo confianza en que su decisión de hacerse cargo de Sergio era lo que tocaba hacer. El Doc era una persona mesurada y atenta, un vistazo a la entrevista que Paty Chapoy le realizó constata sus rasgos de personalidad y el afecto y orgullo que le representa la crianza de Sergio.

Cuando al Doc le dieron la custodia de Sergio, este ya era un miniadulto muy propio y serio, de acento andaluz mezclado con chilango y muy interesado desde pequeño en la música y el *show business*. La relación entre ellos dos era y es excelente. Es un padre para él y están orgullosos el uno del otro. De hecho, Sergio pasaba las vacaciones mitad con sus hermanos y mitad en Guadalajara, con sus «primos», hijos de los hermanos del Doc.

Con los años, Luis Miguel y Sergio cayeron en malentendidos (asuntos de hermanos, relacionados con la escuela, dónde estudiar, si dedicarse o no a la música, etcétera; nada ni remotamente parecido a los conflictos de Luisito Rey) y se distanciaron. Alejandro se mantuvo en contacto con ambos, aunque a distancia, pues él siempre estuvo afincado en Estados Unidos. Alejandro es un empresario exitoso, padre de familia. Se mantiene cercano a Luis Miguel, ha llegado a acompañarlo en conciertos y en diversos proyectos.

Sergio ha decidido constituirse en una figura privada, lejos de los reflectores, y forjarse un porvenir por sí mismo; por ello, sabemos muy poco sobre él, su paradero y decisiones. Lo poco que sabemos, lo conocemos por terceros, por testigos que a raíz de la serie se animaron a ofrecer otras versiones de la historia o a confirmar lo que vieron en televisión. Lo que sí sabemos es que el Doc y Sergio siguen teniendo un lazo emocional muy fuerte. Sergio tiene un talento innato para la música, un oído perfecto y una habilidad enorme, pero preserva con una gran convicción la decisión de mantenerse al margen de la fama y los reflectores. A final de cuentas, la fama es para Sergio algo heredado, no buscado por él. Podría decidir aprovecharse de eso, pero prefiere una vida normal. Se sabe que ha residido en Estados Unidos, España, México… y que sus intereses son orientados principalmente a vivir en paz, envuelto en un ambiente del tipo holístico y espiritual.

Como en todas las historias, en esta también hay claroscuros y perspectivas distintas. Los amigos de Sergio ven a Luis Miguel con resquemor, como si fuera algún tipo de enemigo. Además, les parece que la serie está llena de mentiras y les molesta que no se le dé la importancia real a la presencia y relevancia del Doc en la vida de la familia.

A nosotros nos toca respetar que hay nexos como los familiares que suceden por accidente y no tienen por qué definir a una persona. Si Sergio quiere privacidad, merece privacidad. No nos debe nada por el solo hecho de haber tenido los padres y el hermano que le tocaron. Bien por ti, Sergio y que la vida te conceda como a cualquiera el vivirla como mejor te parezca. Vale queso si nosotros quisiéramos otra cosa o saber más. Tú sé feliz a tu manera, faltaba más.

CAPÍTULO 15

LUISITO A TRAVÉS DE ÓSCAR JAENADA

Los retos actorales nunca han representado algo que provoque que el catalán Óscar Jaenada se aleje de una propuesta de trabajo. Al contrario, parece que los busca, los elige.

No son muchos los actores extranjeros que serían capaces de representar el acento ultramexicano de antaño, el hablar tan enredado, la ultrapeculiar forma de comunicarse de alguien que hasta ha ameritado la creación de un verbo aceptado por la RAE. No cualquiera puede «cantinflear» como el mismo Cantinflas. Y unos años después ser el mismísimo conquistador Hernán Cortés. Y ser completamente verosímil en ambos papeles.

Óscar es un actor excepcional, sin duda alguna. Y la razón de que muy probablemente desde que leíste el nombre

«Luisito Rey» en este libro te imaginaras a Óscar caracterizado, así, con su cara de pocos amigos, el peinado esponjado y hasta el grito de «¡Cooooño pisha! ¡A currar todos acá!» o algo similar, mucho antes que pensar en el Luisito Rey real, de menos estatura, tamaño de bolsillo y de físico menos imponente.

Da igual, la representación que hizo Óscar Jaenada del impresentable Luisito Rey en *Luis Miguel: La serie* le dio el derecho de convertirse en nuestro Luisito Rey oficial. Ese que amamos odiar. Ese que veíamos cada domingo de la primera temporada para quedarnos impactados ante el relato de su famoso hijo, que nos dejaba casi sin poder creer semejantes niveles de bajeza, violencia y abuso impunes.

Hoy, después de leer este libro, sabes que Luisito fue todo eso y un poco más. Y, sin embargo, hay quien tiene el don de convertir seres despreciables en personajes entrañables. Si no me crees, pregúntate por qué sentimos ese tremendo vacío y síndrome de abstinencia de Luisito cuando vimos la segunda temporada de la autobioserie.

Antihéroes a los que queremos llevar en una camiseta, en una taza, en un pin. Gracias a Jaenada, Luisito Rey entró a ese grupo de personajes que pertenecen a la prisión, pero sin duda querríamos invitar a cenar antes que a muchos de los «buenos» que aparecen en los mismos universos a los que pertenecen. Yo invitaría cien veces antes a mi casa a Tony Soprano, a Walter White, a Don Draper o a Luisito Rey que a sus contrapartes buena ondita. Claro, tendría que saber que seguramente se van a llevar hasta los cubiertos (al menos en el caso de Luisito), pero estoy segura de que tomaría el riesgo.

El reto es adicional si pensamos que Tony, Walter y Don son personajes escritos por la imaginación de algún guionista sumamente talentoso. Luisito era una sabandija despreciable que realmente hizo de las suyas y en grande, afectando a muchos a su alrededor.

Sirvan estos párrafos como un reconocimiento al actor que sin tener casi la más remota idea de quién era Luis Miguel (mucho menos quién era su oscuro padre), nos regaló una representación digna de llevarse de calle el protagonismo de la serie.

Óscar: desde Catalina Creel no teníamos un villano tan despiadado (puede ser que no sepas quién es Catalina Creel, pero ya habitas en el universo televisivo y cinematográfico mexicano y basta decirte que era la más malvada de las malvadas). Tenemos un nuevo ícono pop y esperamos verte pronto de nuevo. Y si es representando a Luisito, qué mejor.

A este mundo actual tan emproblemado le hace falta el disfrute de poder canalizar nuestra frustración en detestar a un personaje al que a veces (poquitas) también queremos abrazar como Luisito a su jamón despreciado.

Gracias por inspirarnos a vestirnos con un «Te odio, Luisito Rey», a tejer Luisitos que también son muñecos vudú y a hacer piñatas para poder desfogar todo ese daño que nos hizo ver al querido Sol nuestro pasar las de Caín bajo la férula de su padre. Ese personaje tenía todo para ser una tragedia gris y solo un gran actor podía hacerlo brillar, para que no fuera lo opaco que fue el verdadero Luis en todos los momentos en los que no podía reflejar la luz de El Sol.

Queremos más, Jaenada. Que vengan muchos otros éxitos.

AHORA NOS PODEMOS MARCHAR

Una idea vino una y otra vez a mi mente mientras recababa información y la analizaba para escribir el libro que acabas de leer. Si Luis Miguel fue y sigue siendo llamado El Sol es porque brilla con luz propia. Y me resulta inevitable pensar en Luis Rey como un satélite, como un cuerpo espacial que únicamente logró brillar de verdad cuando reflejó la luz de su hijo.

Es impresionante cómo el Luisito de antes y el de después de la relación con El Sol se vuelven seres profundamente oscuros, perdidos en el desinterés por sus vidas para el público. Salvo pequeños destellos en su carrera de juventud (ya sabemos con qué canción), el brillo de Luis Rey fue siempre de la mano del de su hijo. Lo perdió y poco se sabe de su vida después de que su hijo lo sacara de la suya. Y lo poco que se sabe es sinónimo de decadencia, de descontrol, de amargura y mediocridad.

Cierto, siempre estará presente la ambivalencia de que un Luis no existiría sin el otro, pero quién era sol y quién luna queda más que claro. Cuenta la leyenda que el rey Midas convertía todo lo que tocaba en oro. Trasladando la historia un poquito a la vida y obra de Luisito Rey, padre y mentor de Luis Miguel, estamos ante una situación completamente opuesta. Luisito Rey convertía todo en oro... y luego convertía ese oro en un desastre de proporciones bíblicas, un remolino que destruía todo a su paso.

En la autobioserie de Netflix vimos a un villano ficcionalizado, casi una caricatura del mal. Mi intención con este libro era desmenuzar hasta qué punto aquello era una exageración y hasta qué punto realmente existen los malos tan malvados. Y cuál fue mi sorpresa al descubrir que sí, sí existen. Al verdadero Luisito ningún guionista se lo podría haber inventado. Luisito engañó a todos. Rompió corazones, afectó patrimonios, robó lo ajeno, destrozó carreras y familias, empezando por la suya propia. Su ambición no tenía límites, y no descansó hasta lograr lo que quería, o lo que creía que quería.

Luisito Rey quiso ser grande, enorme, el más brillante en la constelación. Y fracasó. Entonces encontró la manera de lograrlo a través de su hijo... y lo logró, aunque en el camino esto le costó su familia, su salud, contactos y amistades. Y sin embargo hubo algo que nos legó a todos, y que no podemos sino agradecerle hoy en día: nos dejó a Luis Miguel. Al cantante que transformó la música pop y que movió y sigue moviendo multitudes. Como dijimos, no hay héroe sin villano, y viceversa. Si Luis Miguel es El Sol, necesitábamos también la oscuridad de la noche. Por eso escribí este libro.

Espero que el recorrido haya sido agradable, y que ahora puedas sacar tus propias conclusiones. Sobre todo, que hayas sido capaz de observar en qué medida la vida de una persona está relacionada con otras, y con una sociedad entera, y con situaciones que escapan a nuestra mirada superficial. Por ponerte un ejemplo: ¿quién habría dicho que algo tan inocente como un niño dientón y de pelo rubio estaría relacionado con un pasado político de corrupción y violencia?

Te agradezco por acompañarme en este paseo por el castillo de la mentira. Aquí te suelto, ya sabes dónde encontrarme.

LUISA
@esadeloshilos

AGRADECIMIENTOS

G racias a Eduardo Espinosa de los Monteros por su invaluable apoyo en la investigación para este libro. A Romina, sin quien este libro no existiría. Mikel, Luisa María, Rafael. A mis tíos, que han sido papás adicionales. A mi Doc, que es Campillo pero nada que ver con doña Abril. A la Jackie y la Andrea. Adrián, Catchis, Riky, Dan, don Jaime y don Andrés. A mis amigotas culichis, que son mis promotoras *number one*. A Javier León por poner la pauta para escribir biografías sobre figuras del espectáculo tratándolas con el respeto que merece cualquier ser humano. A Gabriel, Karina, Tam y Ala por hacer esto realidad y por la confianza. Y de manera muy especial, gracias a J y a la hermosa banda Hilominati que sigue a la tal @esadeloshilos y la hace siempre sonreír y querer seguir escribiendo.

REFERENCIAS

ENTREVISTAS PERSONALES

Entrevista telefónica con Andrés García, lunes 21 de junio de 2021.

Entrevista personal con Jaime Sánchez Rosaldo, viernes 16 de julio de 2021.

BIBLIOGRAFÍA

Icaza, C. (1994). *El gran solitario.* Edamex.

León Herrera, J. (2018). *Luis Miguel: La historia.* Penguin Random House.

León Herrera, J., y Navarro, J. (2021). *Oro de rey.* Penguin Random House.

ARTÍCULOS Y ENTREVISTAS

(23 de mayo de 2018). Rey pidió a Durazo que desapareciera a Marcela Basteri. *El Universal.* https://www.eluniversal.com.mx/espectaculos/farandula/luisito-rey-pidio-durazo-que-desapareciera-marcela-basteri

(4 de julio de 2021). Historia de los abuelos de Luis Miguel. *Cuarto Poder.* https://www.cuartopoder.mx/gente/historia-de-los-abuelos-de-luis-miguel/250094

Alemany, L. (26 de agosto de 2018). El hombre que casi acaba con Luis Miguel fue su propio padre: así lo atormentó el temible Luis Rey. *El Mundo.* https://www.elmundo.es/papel/cultura/2018/08/26/5b8133db22601def7f8b4611.html

Fernández-Soberón, M. (19 de febrero de 2010). Peligran los restos de abuelos de Luis Miguel. *El Diario.* https://www.pressreader.com/usa/eldiario/20100219/282299611322245

González, R. (10 de junio de 2018). Así fue el polémico capítulo de Luis Miguel, la serie. *Life And Style.* https://lifeandstyle.expansion.mx/entretenimiento/2018/06/10/asi-fue-el-polemico-capitulo-de-luis-miguel-la-serie

Larrea, A. (2 de junio de 2018). Los secretos de la oscura vida de Luisito Rey, el temible padre de Luis Miguel.

Infobae. https://www.infobae.com/teleshow/infos
how/2018/06/02/los-secretos-de-la-oscura-vida
-de-luisito-rey-el-temible-padre-de-luis-miguel/

Larrea, A. (9 de julio de 2018). Luisito Rey en Buenos
Aires. Las mentiras más increíbles del padre de Luis
Miguel cuando probó suerte como cantante juvenil
en la Argentina. *Infobae.* https://www.infobae.com
/teleshow/infoshow/2018/07/09/luisito-rey-en
-buenos-aires-las-mentiras-mas-increibles-del-padre
-de-luis-miguel-cuando-probo-suerte-como-cantante
-juvenil-en-la-argentina/

Sáenz Arelle, J. (5 de abril de 2010). Historia familiar de
El Sol. *Quien.* https://www.quien.com/espectaculos
/2010/04/08/historia-familiar-de-el-sol

VIDEOS

América TV (11 de julio de 2018). *Hablamos con el hombre
que sabe toda la verdad sobre Luis Miguel.* YouTube.
https://youtu.be/yCnWMTqaYuQ

América TV (4 de agosto de 2018). *Los enigmas de Marcela
Basteri: Luis Rey, el camino de la mentira.* YouTube.
https://youtu.be/Hb0_ZtBjun0

América TV (1 de mayo de 2021). *«Hasta que me olvides».
Luisito Rey, vida, muerte y horror.* YouTube. https://
youtu.be/lbMhkXbvGj0

América TV (8 de mayo de 2021). *Secretos verdaderos, programa completo (08/05/21) Luis Miguel.* YouTube. https://youtu.be/rvDksfIZXa8

Baúl de Sigi (1 de abril de 2017). *Luisito Rey-Frente a una copa de vino.* YouTube. https://youtu.be/4Bg1Sw 0ezOU

Canal 26 (1 de mayo de 2021). *Entrevista a Polo Martínez, exmánager y amigo de Luis Miguel.* YouTube. https://youtu.be/i4oXySCyLWk

Danielarocca (10 de agosto de 2006). *Luis Miguel cumple 15 años.* YouTube. https://youtu.be/mx0gxt eq0eU

Etterbeek1000 (20 de agosto de 2020). *Luis Miguel. La historia detrás del mito (Testimonio de Juan Pascual).* YouTube. https://youtu.be/uhO86J-40CI

Flash Farandula (21 de mayo de 2018). *Héctor Suárez Gomís asegura que Luisito Rey era mucho peor en la vida real.* YouTube. https://youtu.be/QQ3JiYpprEI

Frontera Collection (30 de mayo de 2020). *Luisito Rey - El Juego De La Verdad - Columbia 9979.* YouTube. https://youtu.be/GCXE-5jL42s?t=45

Imagen Entretenimiento (19 de abril de 2021). *«Me dijo que Marcela está muerta». Lucía Miranda, viuda de Hugo López, exmánager de Luis Miguel.* YouTube. https://youtu.be/-hRomxvxBrU

Multimedia7 (22 de abril de 2021). *Laura Suárez ¡DESMIENTE A LUIS MIGUEL!* YouTube. https://youtu.be/tUPujh2PDVg

Musica romantica del ayer en video (4 de abril de 2015). *Luisito Rey - Marcela (Videos del recuerdo)*. YouTube. https://youtu.be/uxEuvKTRWPA

Roberhiy2 (18 de agosto de 2018). *Luis Miguel, Luisito Rey, Raúl Velasco, entrevista*. YouTube. https://you tu.be/nCzSonz9XNk

Ventaneando (21 de mayo de 2018). *Andrés García revela cómo conoció a Luis Rey y Luis Miguel*. YouTube. https://youtu.be/IQ6E6H6VS9E

Ventaneando (25 de mayo de 2018). *¡Luis Rey obligaba a Luis Miguel a hacer cosas inapropiadas para un niño!* YouTube. https://youtu.be/KNL63n9NpQo

Ventaneando (30 de mayo de 2018). *¿Luis Rey le daba drogas a Luis Miguel cuando era niño?* YouTube. https://youtu.be/7mmwDHGPZOw

Ventaneando (19 De enero de 2019). *¡EXCLUSIVA! Andrés García revela que Luis Rey le pidió ayuda para asesinar a Marcela Basteri*. YouTube. https://you tu.be/UhA3tTnNdqQ

Xidominguez1234 (25 de marzo de 2012). *Luis Miguel, especial Siempre en domingo 1997 Parte 1*. YouTube. https://youtu.be/cbTMNc322UQ

CRÉDITOS DE IMÁGENES

Página 1: ©Ministerio de Educación, Cultura y Deporte ©Instituto del Patrimonio Cultural de España • FOTO-GRAFÍA: ©Instituto del Patrimonio Cultural de España (arriba); Mezcalent (abajo)

Página 2: Mezcalent (arriba); Mezcalent (abajo)

Página 3: Mundo Vinyl / Jaime Pellicer. • FOTOGRAFÍA: Alma Curiel (arriba); Mundo Vinyl / Jaime Pellicer. • FOTOGRAFÍA: Alma Curiel (abajo)

Página 4: Mezcalent.

Página 5: Mezcalent.

Páginas 6 y 7: Cortesía del archivo Fundación Carmen Romano de López Portillo.

Página 8: Arturo Durazo Moreno, jefe del Departamento de Policía y Tránsito, D.F., 1/sep/1980. Archivo Gráfico de *El Nacional.* Fondo Personales, sobre 10322-A. INEHRM.

Página 9: © El Universal.

Página 10: Mezcalent.

Página 11: Mezcalent.

Páginas 12 y 13: Mezcalent.

Páginas 14 y 15: Angelo Deligio / Mondadori vía Getty Images.

Página 16: Agencia AFP.